Claude Steiner/Gabriele Michel/Hartmut Oberdieck

Die Kunst, sich miteinander wohl zu fühlen

HERDER spektrum

Band 5444

Das Buch

„EK“ – die Zauberformel, das Glücksversprechen für zwischenmenschliche Beziehungen. Was verbirgt sich dahinter? *Emotionale Kompetenz* meint eine hochentwickelte Fähigkeit, seine eigenen Gefühle im Beruf, in der Familie und in der Politik wahrzunehmen und zu verstehen, die Fähigkeit, anderen zuzuhören und sich in ihre Gefühle hineinzuversetzen und die Fähigkeit, Gefühle konstruktiv auszudrücken und damit umzugehen. Mit dem Austausch von Gefühlen beginnen wir auch die Gefühlslandschaft anderer Menschen besser zu verstehen. Die Autoren zeigen, wie emotional kompetentes Verhalten dazu führt, dass sich in der Familie alle wohlfühlen können, wie sich Erwachsene und Kinder durch Geben und Nehmen von Anerkennung und Zuwendung jeder Art (Positive Strokes) gegenseitig unterstützen. Mit Hilfe dieses Buches können die Leserin und der Leser lernen, eigene Gefühle in ihrem Wesen und ihrer Komplexität zu identifizieren und im Bedarfsfall zu kontrollieren.

Die Autoren

Claude Steiner, geboren 1935 in Paris, ist Psychologe und Therapeut. Er war Schüler von Eric Berne und Mitbegründer der TA. Sein Buch „Wie man Lebenspläne verändert“ gehört zu den Basiswerken der TA-Literatur.

Gabriele Michel, geboren 1955 in Köln, Literaturwissenschaftlerin, studierte in Freiburg Germanistik und Romanistik. Freiberuflich tätig als Autorin in Freiburg. Mutter zweier Kinder.

Hartmut Oberdieck, geboren 1951 in Hannoversch Minden, Studium der Humanmedizin in Berlin, Ausbildung in Transaktionsanalyse; seit 20 Jahren Zusammenarbeit mit Claude Steiner; Facharzt für Psychotherapeutische Medizin, Oberarzt an der Klinik für Psychosomatische Medizin in Bad Grönenbach. Verheiratet, zwei Kinder.

Claude Steiner/Gabriele Michel/
Hartmut Oberdieck

Die Kunst, sich miteinander wohl zu fühlen

Emotionale Kompetenz in Familie und Partnerschaft

HERDER

FREIBURG · BASEL · WIEN

Originalausgabe

Gedruckt auf umweltfreundlichem,
chlorfrei gebleichtem Papier.

www.herder.de
Satz: Dtp-Satzservice Peter Huber, Freiburg
Herstellung: fgb · freiburger graphische betriebe 2004
www.fgb.de
Umschlaggestaltung und Konzeption:
R·M·E München / Roland Eschlbeck, Liana Tuchel
Umschlagmotiv: © Mauritius
ISBN 3-451-05444-2

Inhalt

I. Einleitung: Warum brauchen wir emotionale Kompetenz?

Weil sie unser Leben vielgestaltiger, aufregender, spürbarer und produktiver macht.

Wie das? – Was meint überhaupt „emotionale Kompetenz"?

Das Konzept zur emotionalen Kompetenz wurde entwickelt von Claude Steiner, einem amerikanischen Psychologen und Transaktionsanalytiker. Es formuliert im Wesentlichen drei Grundsätze (Regeln), die uns helfen, die Begegnung mit anderen Menschen wohltuend und produktiv zu gestalten. Es geht, allgemein gesprochen, darum,

- anderen Menschen mit Zuwendung zu begegnen (1. Schritt: Das Herz öffnen);
- die eigenen und die Gefühle des Gegenübers unvoreingenommen und respektvoll gelten zu lassen;
- unsere Intuition in Bezug auf die Gefühle anderer zu überprüfen (2. Schritt: Die emotionale Landkarte erkunden) und
- Verantwortung zu übernehmen für die Gefühle, die wir beim anderen auslösen (3. Schritt: Verantwortung übernehmen).

Wenn wir diese Regeln befolgen oder dies doch zumindest immer wieder neu versuchen, dann wird das Zusammenleben mit anderen Menschen auf eine neue Weise spannend und beglückend werden. Zum Beispiel, wenn wir lieben. Nirgendwo erleben wir im Alltag unsere Gefühle so intensiv wie in Liebesbeziehungen – sei es zu einem erwachsenen Partner, unseren Kindern, Freunden oder Verwandten. Nirgendwo aber wird uns auch so irritierend, schmerzhaft oder entmutigend bewusst, wie oft wir im Dunkeln tappen, wenn es um Gefühle geht. Das beginnt schon bei uns selbst. Jeden Morgen aufs Neue. Bei vielen Menschen laufen die ersten Stunden des Tages so hektisch ab, dass sie sich selbst quasi nur abspulen. Allenfalls Krankheitssymptome oder massive Sorgen finden ihre Aufmerksamkeit. Dass sich jeder Tag ein bisschen anders anfühlt, welche emotionalen Spuren ein Traum hinterlassen hat oder der singende Vogel auf dem Balkon auslöst, dafür haben wir keine Zeit. Dafür haben wir schon so lange keine Zeit mehr, dass wir all diese Regungen kaum noch wahrnehmen.

Natürlich wünschen wir alle uns stärkende, beglückende Gefühle. Wollen diese sich nicht von selbst einstellen, helfen wir gern einmal nach. Mit legalen oder auch illegalen Drogen. Andererseits erzeugen wir selbst die Dumpfheit, die wir solcherart bekämpfen. Erzeugen sie kollektiv zum Beispiel in Gestalt permanenter Reizüberflutung, der wir nicht gewachsen sind und folgerichtig durch Wahrnehmungspanzer zu entfliehen versuchen. Individuell machen wir uns unempfindlich nicht zuletzt durch das hoch im Kurs stehende Ideal von Coolness, das Gelassenheit propagiert, wo tatsächlich oft nur Bequemlichkeit und Gefühlsarmut regieren.

Problematisch an unserer Glückssuche wie auch an den in den Medien verbreiteten Glücksversprechen ist dabei vor allem, dass sie eine Art „Glück pur“ verkünden. Sofort soll sich dieses Glück nach Möglichkeit einstellen, dauerhaft und ohne mühsame Eigenbeteiligung. Hier aber liegt der Betrug. Denn Glück ist ohne Schmerz nicht zu haben.

„Alles geben die Götter, die unendlichen, ihren Lieblingen ganz, alle Freuden, die unendlichen, alle Schmerzen, die unendlichen, ganz.“

Die Einsicht Goethes ist nicht populär. Superstar wollen viele sein, reich und berühmt. Die Mühen der Ebene dagegen, das Alltagseinerlei, wird von vielen Menschen als bloße Bürde empfunden.

Unangenehme Gefühle wie Trauer, Schmerz oder Scham werden verdrängt, angenehme Gefühle hingegen mit Heilserwartungen überfrachtet. Wir erwarten „die große Liebe“ oder den Karrieresprung wie einen Lottogewinn, der alle Sorgen von uns nimmt. Als gäbe es dadurch eine Art Erlösung und danach immer währendes Glück.

Belastende Gefühle dagegen verleugnen wir – oder steigern sie im Gegenteil, wie beispielsweise die Angst, ins Extrem, um sie als „Kick“ zu erleben.

Vor der eigentlichen Herausforderung, die alltäglichen, die wirklichen Gefühle in ihrer Komplexität, Widersprüchlichkeit und eigenwilligen Dynamik wahrzunehmen, davor weichen wir zurück.

So aber werden wir zu Analphabeten in der Sprache der Gefühle. Taub oder hilflos begegnen wir ihnen. Verleugnen oder verfälschen die aktuellen und verwischen die Spuren, die zurückliegende emotionale Eindrücke in uns hinterlassen haben. Taub oder ratlos sind wir folgerichtig auch in Bezug auf die Gefühle anderer. Selbst bzw. gerade für jene, die wir selbst ausgelöst haben. Das bedeutet Verarmung – und Gefahr. Denn dass wir unsere Gefühle ignorieren heißt ja keineswegs, dass sie nicht da sind. Verleugnete Gefühle entfalten sogar stärkere Wirkung als jene, die uns bewusst sind. Weil wir sie weder steuern noch kontrollieren können. Wie ein Feuer, das sich unterschwellig ausbreitet, suchen sich die diffusen, unerkannten und abgewehrten Regungen eine Bahn. Bei manchen Menschen führt das eines Tages zu Zusammenbrüchen, (psychosomatischen) Krankheiten, Amokläufen oder anderen Gewaltausbrüchen. Bei eruptiven Äußerungsformen wie aggressiven oder autoaggressiven Aktionen sind dann nicht selten Drogen im Spiel, vor allem Alkohol. Er löst die Betäubung, macht die Gefühle aber nur als eine chaotische Flut erfahrbar, die die Betroffenen überrollt, ohne dass sie zu einer differenzierten Wahrnehmung fähig sind.

Solche Erfahrungen sind verunsichernd – auch für die Akteure selbst. Deshalb ziehen viele Menschen es vor, sich umso mehr gegenüber den eigenen Gefühlen abzuschotten. Sie verkriechen sich quasi in Bunkern, bauen immer neue Barrieren in sich auf, um sich vor den eigenen Gefühlen zu schützen.

In einem Bunker aber kann man zwar überleben, nicht aber leben. Und lieben schon gar nicht. Dabei wollen wir alle vor allem dies: lieben und geliebt werden. Wer mit Kindern lebt, erlebt dieses machtvolle Bedürfnis täglich in immer neuen Ausdrucksformen. Und dass wir als Erwachsene den Wunsch nach Anerkennung, Zuwendung und Geborgenheit nicht mehr ganz so unverhohlen zum Ausdruck bringen, vermag nur wenig darüber hinwegzutäuschen, wie bedürftig wir danach sind.

Liebe ist ein ganz einfaches – und sehr komplexes Gefühl. Liebe kann nur gedeihen im Umfeld von Verantwortung, Zärtlichkeit, Vertrauen. Liebe wird begleitet von negativen Regungen wie Eifersucht, Neid, Wut und Angst. Liebe ist wie ein Tor zu anderen Gefühlen. Wenn wir lieben, gewinnen auch andere Gefühle an Intensität. In uns – und im anderen, im geliebten Menschen. Dadurch kann Liebe, die wir uns als Himmel voller Geigen träumen, freilich rasch zu einer Zitterpartie werden. Oder aber, um im Bild zu bleiben, zu einem Konzert voller Misstöne, in dem Disharmonien dominieren.

Damit aus der euphorischen Verliebtheit eine glückende, lebendige und belastbare Liebe wird, brauchen wir emotionale Kompetenz. Damit aus dem Zauber der ersten Stunden und Wochen mit einem Neugeborenen eine vertrauensvolle, innige und fröhliche Beziehung zu unseren Kindern wird, brauchen wir emotionale Kompetenz. Damit wir in Freundschaften, am Arbeitsplatz, mit Nachbarn und Verwandten zugewandt, offen, selbstbestimmt und konfliktfähig sein können, brauchen wir emotionale Kompetenz.

Zuerst einmal brauchen wir sie freilich für uns selbst. Emotionale Kompetenz gegenüber anderen setzt emotional kompetentes Verhalten gegenüber sich selbst voraus.

Sich um emotionale Kompetenz zu bemühen, ist ein aufregender, mühsamer und bereichernder Prozess.

Emotional kompetent mit sich selbst umzugehen, bedeutet die Bereitschaft und Fähigkeit, die eigenen Gefühle – alle! – wahr und ernst zu nehmen.

Emotional kompetent mit anderen umzugehen bedeutet, ihnen zuzuhören und bereit zu sein, ihre Gefühle – alle! – ernst zu nehmen.

Emotional kompetent zu interagieren bedeutet auch, den Umgang mit eigenen und fremden Gefühlen zu lernen. Das heißt, zu wissen, wann wir sie offenbaren bzw. ansprechen können und wann es sinnvoll ist, sie zurückzuhalten bzw. ohne Aussprache erst mal zu respektieren.

Emotionale Kompetenz bewirkt, dass wir mit eigenen und fremden Gefühlen so umzugehen lernen, dass sie die eigene Persönlichkeit wie auch die des anderen stärken.

Emotionale Kompetenz auszubilden bedeutet nicht, dass wir uns, einmal „geschult“, immer emotional kompetent verhalten. Wir alle kennen Situationen, in denen die Nerven blank liegen und wir sehenden Auges falsch reagieren, unsere Kinder anschreien, einen Partner im Zorn mit unlauteren Mitteln unter Druck setzen oder aus schlichter Bequemlichkeit einen Freund mit einer Halbwahrheit abspeisen. – Wir alle machen Fehler im emotionalen Bereich. Aber wir können lernen – durch einen Zuwachs an emotionaler Kompetenz –, mit diesen Fehlern besser umgehen.

Wie kann das aussehen? Zum Beispiel so:

Dagmars Mann Thomas kündigt beim Frühstück an, dass er abends noch fortgehen wird, weil er mit einer Kollegin die

Theateraufführung für die Abiturfeier besprechen muss. Dagmar stutzt: Hat ihr Mann in den zurückliegenden Wochen nicht schon mehrfach mit dieser Frau die anstehende Theateraufführung besprochen!?

1. Reaktion: Da Dagmar sich nicht kleinlich zeigen will, geht sie über ihr Unwohlsein hinweg. Sie tut so, als sei sie beschäftigt und unberührt von Thomas' Plänen. – Als ihr Mann abends zurückkommt, stellt sie sich schlafend, am nächsten Tag ist der Abend vergessen – bis zur nächsten vergleichbaren Situation. Und das Unausgesprochene, das hier beiseite geschoben wird, sammelt sich als unguter Bodensatz von Mal zu Mal ...

2. Reaktion: Dagmar stutzt – und legt los: „Sag mal, da läuft doch was. Du verschweigst mir etwas. Was weiß ich, worüber ihr redet – und ob ihr überhaupt nur redet ...

Der unvermittelte Frontalangriff führt zum heftigen Gegenschlag, eine Viertelstunde später haben Thomas und Dagmar die ganze Palette des vertrauten Kampfspiels abgespult: Dagmars Eifersucht, Thomas' Vergnügungssucht, Dagmars Impulsivität, Thomas' Verschlossenheit, Dagmars hysterische Mutter, Thomas' unzugänglichen Vater etc ... Thomas stürzt eilig davon, Dagmar bleibt aufgewühlt zurück.

Abends verschwindet Thomas wie angekündigt, kommt aber früh zurück. Der Abend endet in mürrischem Schweigen, ein da capo ist abzusehen.

3. Reaktion: Dagmar hält inne. Versucht im Laufe des Tages und auch abends noch, als Thomas unterwegs ist, herauszufinden, was genau sie eigentlich beunruhigt. Ist es tatsächlich Eifersucht? Oder eher Enttäuschung, weil Thomas insgesamt viel allein unterwegs ist? Ist sie ärgerlich, weil Thomas sie bei der Terminierung nicht mit einbezogen hat? Oder gilt das Unwohlsein letztlich sogar eher ihr selbst, weil sie kaum noch etwas

allein unternimmt in der letzten Zeit und Thomas' Aktivitäten sie daran gemahnen, wie träge, unterschwellig deprimiert sie ist.

Dagmar ist so mit sich beschäftigt, dass sie sich während Thomas' Fortsein auch nicht mit quälenden Fantasien rumschlägt. Später hört sie noch Musik und als Thomas nach Hause kommt, hat sie schon beschlossen, dass sie den Abend bei der nächsten günstigen Gelegenheit ansprechen will.

Die kommt Samstagabend, bei der Zubereitung des Abendessens. Dagmar ist mittlerweile zu dem Ergebnis gekommen, dass sie selbst wieder mehr Initiative entfalten muss, dass sie aber immer noch verunsichert ist, weil Thomas sich so häufig mit der Kollegin trifft. Sie fragt Thomas, ob er bereit sei, über diesen Abend zu sprechen. Der reagiert etwas verdutzt, ist aber einverstanden. Dagmar erklärt ihm, welch unterschiedliche Gefühle und Fragen sie beschäftigen und erkundigt sich direkt: Sag mal, müsst ihr euch eigentlich wirklich wegen dieser Schulaufführung so oft treffen?

Überflüssig auszuführen, wie Thomas Reaktion ausfällt, wenn er sich seiner Gefühle nicht bewusst ist und auch nicht bewusst werden will, die Szenarien sind bekannt. Wenn aber auch Thomas sich um ein emotional kompetentes Verhalten bemüht, beginnt jetzt eine Gespräch, dessen Verlauf in viele Richtungen gehen kann. Sei es, dass Thomas zum ersten Mal realisiert, wie unausgeglichen Dagmar seit einer Weile ist, sei es, dass er von Spannungen im Lehrerkollegium erzählt, die ihn bedrängen und mit denen er seine Frau nicht langweilen wollte. Es kann sein, dass die beiden bei einem Kindheitserlebnis von Dagmar landen (einer Erfahrung des Ausgeschlossenseins) oder bei Thomas' Streit mit seinem besten Freund (der ihm seitdem als Gesprächspartner fehlt). Kann sein, dass Dagmar beschließt, wieder in den Beruf zurückzukehren oder Thomas bei der Einsicht landet, dass er klammheimlich dabei war, eine prickelnde erotische Beziehung aufzubauen, wohlverborgen im Gewand beruflicher Notwendigkeiten. In dem Fall hätte Dagmar durch

Schweigen sogar an der absehbaren Ehekrise einen Anteil, wäre quasi schuldlos schuldig. ...

So aber sind Dagmar und Thomas sich am Ende des Gesprächs, so bedrohlich es zwischendrin auch ausgesehen haben mag, ein Stück näher gekommen. Das Faszinierende bei einem Prozess zwischen zwei Menschen, die miteinander verbunden sind, ist ja, dass in dem Augenblick, in dem der eine den Mut zur Wahrheit findet, diese Möglichkeit auch im anderen freigesetzt wird.

Mit dieser Erfahrung im Hintergrund werden Thomas und Dagmar in vergleichbaren Situationen zukünftig anders miteinander reden. Das Abenteuer des sich gegenseitig Kennen-Lernens hat für sie neu begonnen.

Zweites Beispiel:
Montagmorgen, Aufbruch zur Schule. Dreimal hat Sabine ihre Tochter schon ermahnt, es sei Zeit, die Zähne zu putzen und sich anzuziehen. Aber Vera trödelt. Plötzlich ist es beinahe zu spät, hektischer Aufbruch mit Ärger und Vorwürfen ...

Fünf Minuten später schellt es, Vera steht weinend vor der Tür: „Meine Lunge tut weh, ich kann nicht in die Schule ...“

1. Reaktion: Sabine ist wütend. Schließlich ist Vera selbst schuld an der Hetzerei und das mit der schmerzenden Lunge ist als Ausrede zu blöd. Schuleschwänzen gibt es bei ihr nicht.

„Da bist du selbst schuld, du gehst jetzt in die Schule und musst zusehen, wie du der Lehrerin dein Zu-spät-Kommen erklärst“, herrscht sie ihre Tochter an.

Egal, ob Vera jetzt mit eingezogenen Schultern oder wütend davon stapft oder ob sie sich wehrt, in die Tür drängt, zu toben beginnt – der Morgen ist erst mal vermasselt.

2. Reaktion: Sabine ist wütend. Schließlich ist Vera selbst schuld an der Hetzerei. Schuleschwänzen gibt’s bei ihr nicht. Die „weh-

ret den Anfängen-Sätze“ gehen ihr durch den Kopf: Wenn ich Vera jetzt zu Hause lasse, wo sie doch erkennbar nicht krank ist, wird sie etwas Ähnliches demnächst wieder versuchen und sich, wenn ich dann hart bleibe, vermutlich sogar auf diesen Morgen berufen. Sabine denkt auch kurz an die eigenen Arbeitspläne, denen sie sich gerade zuwenden wollte. Aber dann nimmt sie ihre weinende Tochter doch erst mal in den Arm. Spürt den kleinen bebenden Körper. Eine Weile stehen sie einfach aneinander gedrückt da. Vera wird ruhiger und Sabine erinnert sich: Wie das war früher, wenn plötzlich alles nicht mehr stimmte, die Welt so groß, durcheinander und feindlich wurde und man zugleich wusste, dass man selbst schuld war an dem Kuddelmuddel und kein Recht, keine Aussicht auf Hilfe hatte ...

Als Vera sich von ihr löst, schlägt Sabine ihr vor, sich noch ein wenig hinzulegen und es mit der zweiten Stunde zu versuchen. Vera lächelt dankbar. Sie bekommt einen Tee, kuschelt sich mit ihrem Meerschweinchen in den Sessel und bricht wenig später gelöst zur Schule auf. Mittags bespricht Sabine mit ihr, was sie tun können – und was Vera selbst begreifen muss –, um solche Situationen künftig zu vermeiden.

„Aber wie soll das gehen?“, fragen Sie jetzt vielleicht. „Das frisst doch alles schrecklich viel Zeit! Wer hat die schon? Im Leben, im Alltag. Wenn das Miteinander und die Selbstergründung soviel Energie und Stunden verbrauchen, wird man ja nie fertig.“ Stimmt. So wird man nicht fertig mit dem Leben, sondern fängt erst richtig damit an. Wenn wir unseren Alltag, die Beziehungen und Begegnungen mit Menschen, wie auch das, was wir tun – egal, ob es die Zubereitung des Mittagessens, die Klavierstunde, ein Lauf durch den Wald oder das Schreiben eines Buches ist –, mit steter Wachheit gegenüber unseren Gefühlen gestalten, werden unsere Erfahrungen vielschichtiger und eindringlicher. Und wenn wir uns Zeit dafür nehmen, dann ist dies nur solange ein Verlust, wie wir unsere Zeit rein quantitativ beurteilen. Natürlich hat jeder nur die täglichen 24 Stunden zur Verfügung. Wenn wir sie hektisch zwischen Pflichten und Aktivitäten aufteilen, die uns nicht wichtig sind, nicht unser Herz berühren, hetzen wir ständig hinter uns her. Jede wirklich gelebte Stunde hingegen ist gewonnene Zeit. In diesem Sinne sind auch Begegnungen, die emotional kompetent gestaltetet werden, durch ihre Intensität ein Gewinn – auch wenn sie möglicherweise die Zeit in Anspruch nehmen, in der wir eigentlich schon hatten die Küche oder den Schreibtisch aufräumen wollen.

Und die Aufmerksamkeit, die emotionale Kompetenz fordert, wird sich als Quelle von Zuneigung erweisen.

Zuerst einmal Zuneigung zu sich selbst. Sich Zeit zu nehmen für die eigenen Wahrnehmungen und Gefühle ist schon eine Form der Zuwendung. Schließlich ist Zeit nicht nur Geld, wie der Volksmund weiß, sondern mehr noch eine emotionale Währung. Wenn ich mir Zeit nehme, um meine Gefühle zu ergründen, vielleicht aufzuschreiben, vielleicht mit anderen zu besprechen, schenke ich mir selbst etwas: Liebe. Diese Liebe wirkt, selbst wenn das Ergebnis meiner Selbstergründung mir erst mal Mühsal auflädt, das Ertragen unangenehmer Gefühle, eine schwierige Aussprache mit einem anderen Menschen oder die Wiederbegegnung mit alten, belastenden Erfahrungen.

Denn der Zuwachs an emotionaler Kompetenz wird uns – zwangsläufig – irgendwann auch auf neue Weise mit unseren „alten Geschichten" konfrontieren. Den gut verpackten oder jenen, an denen wir schon seit Jahren abarbeiten, ohne recht vorwärts zu kommen. Wir kennen das Problem in- und auswendig, psychologisch alles bestens durchschaut, aber wir tappen immer in dieselben Fallen. Verlieben uns in Männer bzw. Frauen, bei denen die Quälereien absehbar sind, verwandeln uns allen eindringlichen Vorsätzen zum Trotz in nörgelnde Eltern oder aber in das kleine Mädchen, das sich am Telefon von der Mutter abkanzeln, den Sohn, der sich aushorchen lässt.

Durch die Erfahrungen, die wir im Bemühen um emotionale Kompetenz machen, werden wir vermutlich auch in solch wiederkehrend-vertrackten Situationen besser reagieren können. Weil diese Erfahrungen uns einen solchen Schub an Mut und ungeahnter Souveränität verleihen, dass wir eingefahrene destruktive Strukturen klarer erkennen, entschiedener ansprechen und damit versuchsweise aufbrechen können. Was lange unvorstellbar schien, wird eines Tages vielleicht doch möglich: Sie sagen Ihrer Mutter, dass Sie gern mit ihr telefonieren wollen, aber nur, wenn sie aufhört, beständig an Ihrem Leben rumzumeckern. Sie können dies erstmals, weil Sie zuvor – z. B. im Rahmen eines Workshops (nähere Erläuterungen zum Rahmen, innerhalb dessen emotionale Kompetenz erworben werden kann, vgl. Kap. IV) im Schutz des kooperativen Vertrags gegenüber quasi fremden Menschen Themen angesprochen haben, die Sie jahrzehntelang tabuisiert haben – und die Welt ist nicht zusammen gebrochen, die Menschen sind nicht entsetzt davongestürzt.

Eine emotional wache und kompetente Lebensgestaltung verlangt zweifellos Einsatz. Aber sie macht auch mancherlei Aufwand überflüssig, den wir so treiben. Wir müssen nicht mehr ständig Events, Abenteuer oder einen neuen Kick suchen, um uns lebendig und unser Leben interessant zu finden. Wir müssen nicht mehr durch Kaufaktionen das Gefühl von Zuwachs oder Veränderung erzeugen. Wir müssen nicht mehr in Sekten einen Sinn suchen, weil unser Alltag spirituell leer ist. Wir müssen auch nicht mehr Häuser bauen, Kreuzfahrten machen oder Bunging-Sprünge, damit unser ansonsten rituell erstarrtes Leben wenigstens gelegentlich einen Glanzpunkt hat.

Ein emotional kompetent gestaltetes Leben ist garantiert nicht immer lustig. Aber es ist auch nie lange leer oder langweilig. – Wir werden uns selbst darin nicht immer super finden. Aber wir werden immer in einem produktiven und wohlwollenden Kontakt mit uns stehen. Mit uns – und mit anderen Menschen. Die werden – die einen früher, die anderen später – die Offenheit und Akzeptanz, die wir ihren Wahrnehmungen und Gefühlen entgegenbringen, als eine zwar nicht immer behagliche, aber ernsthafte Form der Zuwendung erleben. Und die Zeit, die wir mit ihnen verbringen, als belebend. Mal eher im Sinne von Irritation, dann wieder als Stärkung.

Es gibt kein emotional kompetent geführtes Leben im Sinne eines Ziels, das wir irgendwann erreichen und dann nurmehr wiederholen. Ausbildung von emotionaler Kompetenz und deren Anwendung ist ein lebenslanger Prozess. Und gemäß der je eigenen Geschichte und Persönlichkeit wird jeder Mensch unterschiedliche Erfahrungen machen und Erlebnisse haben, wenn er sich um emotionale Kompetenz bemüht.

Dieses Bemühen kann sozusagen in Eigenregie erfolgen. Zum Beispiel mithilfe dieses Buches. Aber es ist gut möglich, dass Sie damit früher oder später an eine Grenze stoßen. Sei es, weil die dafür erforderliche Interaktion Ihnen so fremd, künstlich oder peinlich erscheint, dass Sie sich schlicht unwohl fühlen. Sei es, weil die Strukturen in Ihrer Familie oder Beziehung so verhärtet sind, dass schon die Vorstellung, sich schutzlos dem anderen zu öffnen, Angst weckt. Dann wird es hilfreich sein, diese Hürde zu überwinden, indem man beispielsweise Kontakt aufnimmt zu einem Therapeuten, der mit dem Konzept der emotionalen Kompetenz arbeitet. Oft geschieht dies im Rahmen eines Workshops, d.h. im Rahmen einer Gruppe. Das Einüben emotionaler Kompetenz gemeinsam mit vermutlich fremden Menschen fordert Mut. Die Gruppe und die Präsenz eines Therapeuten haben aber zugleich in der Regel eine entlastende Wirkung. Zum einen übernimmt die Gruppe eine wichtige Funktion. Sie kann, wenn die Dynamik des „Herz-Öffnens" (vgl. Kapitel V, Pkt. 1) wirkt, eine Atmosphäre der Sicherheit – Akzeptanz, Geborgenheit – erzeugen, die wir allein in vielen

Fällen erst zu einem späteren Zeitpunkt erreichen werden. Dann nämlich, wenn wir stärkende Erfahrungen durch die Anwendung der neu gewonnenen emotionalen Kompetenz gemacht haben. In diesem Sinne ebnet die Gruppe dem Einzelnen den Weg. Zugleich verkörpert der Gruppenleiter den schützenden institutionellen Rahmen, er achtet auf Einhaltung des kooperativen Vertrags und wird durch seine Interventionen dafür Sorge tragen, dass der Gruppenprozess tatsächlich nach den Richtlinien des kooperativen Vertrags (vgl. Kap. IV.) verläuft. Die Leiter und die Gruppe als Ganze können schließlich die möglicherweise angstbesetzte Konfrontation zwischen Partnern, die sehr ineinander verstrickt sind, entschärfen. Weil keiner der beiden sich allein dem Gegenüber ausgeliefert fühlen muss, sondern im Konfliktfall auf Verständnis, Unterstützung oder einfach die Präsenz Dritter zählen kann.

Eine Beratungsstunde mit einem entsprechend geschulten Therapeuten, ein Seminar oder Workshop können als zaghafte Annäherung oder als umwälzende Erfahrung erlebt werden. Beides aber ist nicht mehr als ein Beginn. Der Beginn eines – im besten Falle lebenslangen – Prozesses. Eine große Portion Neugier und Durchhaltevermögen wird dieser Prozess von Ihnen verlangen, und was Ihnen dabei begegnet, ist völlig offen. Eins aber werden Sie mit Sicherheit gewinnen: ein neues, stärkeres, vielfältigeres Erleben von Liebe in ihren unterschiedlichen Erscheinungsformen.

II. Familie Maier am Abendbrottisch – und alles läuft schief

Seit die Kinder im Kindergarten sind, bemüht sich Familie Maier darum, Freitagabend zusammen Abendbrot zu essen. Da werden keine Gäste eingeladen, kein Kino- oder Kneipenbesuch vereinbart, der Freitagabend gehört der Familie. Wenn sie Zeit findet, kocht Frau Maier auch etwas Leckeres. Heute hat es nur für kalte Platten gereicht. Aber weil Frau Maier sich dieses Mal besonders auf das gemeinsame Wochenende freut, hat sie beim Einkaufen an die Vorlieben eines jeden gedacht, an Wolfgangs Lieblingssalami, Danielas Joghurt mit Heidelbeeren und das Krustenbrot für ihren Mann. Auch beim Tischdecken hat sie sich viel Mühe gegeben.

Meist besprechen sie bei diesem Abendbrot auch die Pläne fürs Wochenende. Dafür hat sich Frau Maier schon etwas ausgedacht. Am Sonntag ist in der Gärtnerei des Nachbarortes Tag der offenen Tür, mit Kinderprogramm und Pflanzenlehrgang, es ist Sonne angesagt, das wird bestimmt ein schöner Ausflug. Allerdings gibt es da ein Problem. Sonntag spielt auch der heimische Fußballverein. Aber schließlich war ihr Mann dreimal in Folge im Stadion, da ist jetzt mal die Familie dran, findet Frau Maier.

Nur von den Kabbeleien der beiden Kinder – Daniela 9 Jahre und Wolfgang 6 Jahre – begleitet, setzt sich die Familie zu Tisch, alle stürzen sich hungrig auf die Brote. Frau Maier schluckt ihre Enttäuschung runter: Keiner hat wahrgenommen, wie schön sie alles dekoriert hat, keiner bedankt sich dafür, dass seine Lieblingsspeisen auf dem Tisch stehen.

Frau Maier wendet sich an ihren Mann und fragt: „Wie war denn dein Tag heute?"

Statt zu antworten fragt er zurück: „Kriege ich am Sonntag frei?"

Rums! Die ganze Vorfreude bricht mit diesem Satz in Frau Maier zusammen. Zur Enttäuschung gesellt sich Wut und die will sofort raus: „Was heißt hier, kriege ich frei!? Das hört sich ja an, als wärest du bei uns eingesperrt. Du legst wohl gar keinen Wert mehr auf irgendwelche gemeinsamen Unternehmungen. Weißt du eigentlich, wann wir das letzte Mal zusammen einen Tag lang unterwegs waren. Monate ist das her!"

„Stimmt nicht, vor zwei Wochen waren wir nachmittags zusammen im Kino."

„Im Kino, zwei Stunden, danach noch eine halbe Stunde Eis essen. Na super! So hatte ich mir das Familienleben allerdings nicht vorgestellt."

„Nun reg dich doch nicht gleich so auf, ich habe ja nur eine Frage gestellt. Schließlich arbeite ich die ganze Woche hart, da wird man sich doch am Wochenende mal ein bisschen Vergnügen gönnen können!"

„Ja, aber du preschst immer vor. Ehe ich mir noch was überlegen kann, hast du im Kopf schon Fakten geschaffen. Du hättest ja vielleicht auch mal fragen können, was ich mir für die freien Tage wünsche."

„Das weiß ich doch schon: dass ich den Keller aufräume und dass wir es ganz harmonisch zusammen haben."

„Das stimmt überhaupt nicht! Du bist unmöglich."

Daniela und Wolfgang haben während des Wortgefechts in Windeseile ihre Lieblingsbrote vertilgt. Sie sind satt und fangen an, sich unterm Tisch zu treten. Wolfgang will ausweichen, kippt mit dem Stuhl zu weit nach hinten und greift nach Halt. Klirr, ein Teller in Scherben. – Wütend dreht Herr Maier sich um und brüllt seinen Sohn an: „Kannst du dich nicht wenigstens bei Tisch ordentlich benehmen. Wer meinst du eigentlich, schafft das Geld ran für all die Sachen, die du dauernd kaputt machst?“

Frau Maier ist aufgestanden, um Schaufel und Besen zu holen. Das bringt ihren Mann nun gerade auf.

„Und du hilfst ihm natürlich noch. Bei mir beklagst du dich, dass ich zu wenig im Haushalt anpacke, aber unser Sohn kriegt noch die Scherben weggefegt, die er selbst verursacht hat. Na super! Brauchst dich nicht zu wundern, dass die Kinder so faul sind, wo du ihnen dauernd hinterher räumst. – Aber was soll's, auf mich hört hier ja eh keiner mehr.“

Daniela wirft ein: „Mammi, haben wir das Geschenk für den Kindergeburtstag morgen schon gekauft?“

„Nein, an was soll ich denn noch alles denken!“, antwortet ihre Mutter unwirsch. „Frag deinen Vater. Der gibt sich doch immer so engagiert, soll der es doch morgen früh mit dir kaufen.“

„Morgen früh muss ich in den Getränkemarkt und den Kotflügel ausbeulen. Aber wenn du mir sagst, was du willst, bring ich es vom Weg mit. Nur lange Zeit nehmen zum Suchen kann ich mir nicht“, lenkt Herr Maier gegenüber seiner Tochter ein.

„Ja, weil du nachmittags natürlich Sportschau gucken musst, damit du gut vorbereitet bist, wenn du am Sonntag ins Stadion gehst.“

„Jetzt sei doch nicht so verbiestert. Was wolltest du denn machen am Sonntag?“

Wolfgang ruft dazwischen: „Uns fragt natürlich keiner. Ich will Minigolf spielen, Peter geht mit seinen Eltern auch Minigolf spielen.“

„Du bist jetzt gerade gar nicht gefragt und Minigolf kann man auch ein anderes Mal spielen. Für dich Dreikäsehoch werde ich bestimmt nicht meinen Fußball opfern. Aber was hattest du denn vor?“, wiederholt er zu seiner Frau gewandt.

„Ach, ich habe gestern mit Vera telefoniert und die hat mir erzählt, dass sie in Köln mit der ganzen Familie auf der Landesgartenschau gewesen sei und wie schön …“

„Wenn du mir jetzt wieder das wunderbare Familienleben deiner Schwester vorhalten willst und wie grandios sich deren Mann um alles kümmert, gehe ich, glaube ich, lieber mal duschen."

„Sei doch nicht gleich so aggressiv, ich wollte doch nur von der Gartenausstellung erzählen, die am Sonntag in Waldkirch stattfindet, das soll wirklich sehr schön sein dort, auch für die Kinder."

„Ja, vielleicht für die Kinder. Aber du weißt doch, dass mich Pflanzen wirklich nicht interessieren, du hast nun mal keinen Gartenzwerg geheiratet."

„Nein, sondern einen ignoranten Macho, der sich außer für seinen Job nur noch für Sport und Autos interessiert, gerade mal, dass du abends die Tagesschau siehst. Über Bücher kann man sich mit dir schon nicht mehr unterhalten."

„Willst du mir jetzt wieder deine wunderbare Bildung vorhalten!? Was kann ich dafür, dass ich vor lauter Arbeiten nicht zum Lesen komme."

Die nächste Runde ist eröffnet. Das kann noch eine Weile so weitergehen. Und wenn eine Flasche Wein auf dem Tisch steht, auch eskalieren. Irgendwann landen die beiden dann bei den jeweiligen Eltern (Als ich deine Mutter kennen lernte, hätte ich gewarnt sein müssen. Dein Vater, dieser autoritäre Egozentriker, der hat mich doch nicht einmal richtig wahrgenommen), und die Wunden, die sie sich gegenseitig zufügen, werden das ganze Wochenende schmerzen.

Daniela und Wolfgang haben sich still davongemacht. Auf Super RTL läuft wie jeden Freitag das Comic Special. Wenn die Eltern so drauf sind, fragt man besser gar nicht, sondern schafft erst mal Tatsachen.

Satt sind sie alle, und zugleich haben sie es alle auch satt. Dieses ewige Gezanke. Denn immer öfter wird die rituelle gemeinsame Mahlzeit zu einem mühsamen oder unerfreulichen

Ereignis. Frau Maier reagiert auf diese Bedrohung, indem sie sich immer neu besonders viel Mühe gibt. Und sich kaum eingestehen kann, wie gern sie mitunter stattdessen mit ihren Freundinnen in der Sauna säße. Auch Herr Maier ertappt sich immer öfter bei dem Gedanken, dass er eigentlich mittlerweile Freitagabend lieber noch auf einen Schluck mit seinen Kollegen in die Kneipe ginge. Die Kinder verstecken ihre Beklommenheit hinter Wurschtigkeit und Streitereien.

Aus der entspannten Begegnung, die das Ehepaar Maier ursprünglich geplant hatte, ist eine Zwangsveranstaltung geworden, die oft zum Einstieg in ein freudloses oder gar vermurkstes Wochenende wird. Familie Maier steckt in einer Sackgasse.

Familie Maier gibt es nicht. Aber Familien Maier gibt es zuhauf. In vielen regiert mittlerweile ein defensives Schweigen: Man gerät nicht mehr aneinander, aber man berührt sich auch nicht groß. Andere geraten bei jedem Versuch von Gemeinsamkeit in aufgewühlte Krisen, bei denen mit Worten gefochten wird, bis die Türen knallen. Bei manchen geht es noch schlimmer zu. Unglücklich sind sie alle. Und – wenn sie noch etwas spüren – bedrückt von dem Gefühl lähmender Aussichtslosigkeit.

III. Warum emotionale Kompetenz hilft, solche Familienmiseren zu verhindern

Weil emotionale Kompetenz zu erwerben bedeutet, mit Gefühlen so umgehen zu lernen, dass diese für uns selbst und unsere Umgebung zu einer Bereicherung werden – und nicht zum Ausgangspunkt für Verletzungen, Missverständnisse, Missbrauch oder Gewalt.

Wie sehr das ungute Gespräch zwischen den Mitgliedern von Familie Maier von Gefühlen bestimmt wird, ist unübersehbar. Viele davon werden nur indirekt geäußert, manche gar nicht, wirken aber unterschwellig, wieder andere werden als Machtmittel eingesetzt. Schauen wir uns dazu drei Passagen noch einmal genauer an.

1. Frau Maier hat sich viel Mühe gegeben, um den Abendbrottisch ansprechend herzurichten. Für sie beginnt der gemeinsame Abend mit einer Enttäuschung: Niemand scheint ihre Zuwendung – denn das ist ein gedeckter Tisch, mit dem man die anderen empfängt! – zu bemerken. Zumindest sagt niemand etwas.

   Die anderen explizit um ein Lob zu bitten, das fiele Frau Maier nicht ein („fishing for compliments" gilt als peinlich) und was ihren Mann betrifft, ist sie inzwischen auch ziemlich resigniert: Im Alltag bemerkt er kaum je, wenn sie etwas Besonderes gekocht, gestaltet oder angezogen hat. Von den Kindern kann sie das noch nicht erwarten, schön wäre es freilich schon, wenn wenigstens von ihrer Seite mal etwas käme. Aber woher sollen sie es haben, wenn ihr Mann ihnen ein so schlechtes Vorbild ist!?

Wir Menschen leben aber, um Zuwendung zu empfangen. Das belegen eindrucksvoll Experimente des Entwicklungspsychologen René Spitz, der Säuglinge beobachtet hat, die zwar ausreichend mit Nahrung und hygienisch versorgt wurden, aber keinerlei emotionale Zuwendung erfuhren. Die Kinder verkümmerten (vgl. Stewart/Joines S. 117).

Erwachsenen geht es im Grunde nicht anders. Nur dass wir im Laufe unseres Lebens und als Reaktion auf mannigfache Enttäuschungen Ausweichmanöver und Ersatzhandlungen etabliert haben, mit denen wir den Mangel an Zuwendung auszugleichen versuchen. Wir essen, wenn wir eigentlich Zärtlichkeit brauchen. Wir kaufen, wenn wir eigentlich den Austausch im Gespräch wünschen. Wir gehen ins Fitnesszentrum, um uns anschließend selbst auf die Schulter klopfen zu können, weil niemand unsere Arbeit lobt. Und wir gehen in die Disco, weil wir uns nicht einsam fühlen wollen. Keine dieser Aktivitäten kann freilich unser eigentliches Bedürfnis stillen. Irgendwo tief innen höhlt uns der Mangel an Zuwendung aus.

Zuwendung aufmerksam zu geben und zu nehmen ist ein wesentlicher Teil emotional kompetenten Verhaltens. In unserem Fall wäre das Gespräch vielleicht ganz anders verlaufen, wenn Herr Maier beim Hinsetzen gesagt hätte: Oh, das sieht aber schön und lecker aus. Frau Maier hätte sich gefreut und, gestärkt durch das Kompliment, vielleicht sofort und offen ihren Wunsch zum Wochenende geäußert: Danke, das freut mich, ich habe übrigens auch schon einen schöne Idee für unseren Familiensonntag. Wie wäre es, wenn …

Gut möglich, dass weder die Kinder noch Herr Maier begeistert sind von der Perspektive, einen halben Tag lang Blumen zu bewundern. Aber der Wunsch ist klar geäußert und kann verhandelt werden.

Gut möglich, Frau Maier wird sich trotzdem gleich ärgern, weil ihr Mann bekennt, dass er zum Fußball will – und die Kinder auch nur maulen.

Gut möglich, sie geht am Sonntag allein zum Gartentreff, ihr Mann zum Fußball, Wolfgang zusammen mit Peters Familie zum Minigolf und Daniela fährt Inliner mit ihrer Freundin Steffi. Dann macht zwar jeder etwas für sich, aber doch das, was er wirklich will. Und vielleicht kann man ja gemeinsam am Ende dieses Abendbrots überlegen, wozu am kommenden Wochenende wirklich alle Lust hätten.

Frau Maier räumt die Küche auf, telefoniert mit ihrer Freundin und als die Kinder im Bett sind, legt sie sich auch hin und liest. Den ganzen Abend kaut sie auf ihrer Enttäuschung herum: Das Familienleben ist so starr und freudlos geworden. Irgendwann kommt auch ihr Mann, der „wieder mal endlos geduscht und den Abend sinnlos vertrödelt hat." Wahrscheinlich will er jetzt auch noch mit ihr schlafen! Blitzschnell überlegt Frau Maier, wie sie der Situation am ehesten entkommt – und entscheidet sich, ihren Mann einfach gewähren zu lassen. Sie hat zwar keine Lust, aber sie will jetzt weder Diskussionen noch eine Auseinandersetzung mit den eigenen (Schuld)Gefühlen, die sich erfahrungsgemäß einstellen, wenn sie sich ihrem Mann entzieht. In der letzten Zeit hat sie sich deshalb immer öfter entschieden, sich einfach willig zu verhalten. So hat sie es am schnellsten hinter sich und kann sich wieder in sich zurückziehen. Ihr Mann schläft sowieso danach gleich ein.

2. Herr Maier ist befriedigt und schläft in der Tat gleich ein. Als er wieder aufwacht, ist es finster, 3.00 Uhr. Irgendetwas arbeitet in ihm, er ist hellwach und weiß, mit Schlaf wird das so bald nichts mehr. Die Situation am Abendbrottisch geht ihm wieder durch den Kopf. Er ist wütend auf seine Frau. Mit ihrem Harmoniebedürfnis setzt sie ihn unter Druck. So-

bald er eigene Pläne macht, erscheinen diese ihr immer gleich als Absetzbewegung von der Familie. Warum wird das immer negativ interpretiert? Weil sie selbst so wenig macht aus ihrer Freizeit? Es ist fast, als könne sie sich die Erfüllung ihrer Wünsche nur gestatten, wenn alle Familienmitglieder diese Wünsche mit ihr teilen und ebenfalls gefälligst glücklich darüber sind! Das nervt. Und dann hat sie oft so eine indirekte Art, ihre Vorstellungen zu äußern. Am liebsten wäre ihr offenbar, er würde ihr klischeegerecht jeden Wunsch von den Augen ablesen, damit sie ihn bloß nicht aussprechen und vertreten muss. Das ist anstrengend und irgendwie auch unehrlich, findet er.

Herr Maier hat Recht. Seine Frau hat während ihres Streits gleich zweimal geschummelt, man könnte auch sagen: gelogen. Nicht in dem Sinne, dass sie die Unwahrheit erzählte. Aber sie hat ihre Gedanken und Motive unterschlagen. Das erste Mal, als sie behauptet, sie habe noch gar keine konkreten Pläne für das Wochenende. Verleugnet hat sie diese, um ihren Mann, auf den sie zu diesem Zeitpunkt sauer war, als vermeintlich dominant ins Unrecht zu setzen. Und sie hat geschummelt, als sie seine ironische Attacke, sie wolle sowieso nur einen aufgeräumten Keller und Harmonie, als falsch zurückwies. Irgendwo ist es ihr selbst unangenehm, dass sie ihrem Mann nun schon seit Wochen wegen des Chaos im Keller in den Ohren liegt. Im Grunde, das weiß sie, könnte sie vieles davon selbst aufräumen. Aber sie mag nicht und will ihre Abneigung auch nicht erklären müssen. Weil sie weiß, dass sie damit schlechte Karten hätte. Schließlich ist sie es doch, die immer auf Gleichberechtigung und Auflösung starrer Strukturen pocht. Da kann sie doch nicht zugeben, dass es einfach ein inneres Bild ist, das ihr den Eindruck vermittelt, Kelleraufräumen sei nicht ihre Sache. Bei ihr zu Hause war das aber nun mal so: Die Mutter war für die Küche und der Vater für den Keller zuständig. Wenn der mal wieder richtig aufgeräumt worden war, gab's zur Belohnung abends Gulasch, das hat ihren Vater dann auch wirklich gefreut. Kann sie etwas dafür, dass ihr Mann nicht nur kein Gourmet, sondern in puncto Essen fast ein Asket ist. Er braucht nicht viel, er macht sich nicht viel draus und reden tut er übers Essen auch kaum. Mit ihren Ambitionen als Köchin bleibt sie so ziemlich allein. Aber nur weil ihr Mann kulinarisch ein Banause ist, will sie trotzdem nicht den Keller aufräumen.

Frau Maiers Frust ist verständlich. Wieder einmal hat sie den Eindruck, nicht wertgeschätzt zu werden. Einfach, weil für ihren Mann Dinge unwichtig sind, die sie in ihrer Herkunftsfamilie als wesentlich vermittelt bekommen hat. Solche „Beziehungswährungen" bekommt jedes Kind wie einen speziellen Code mit auf den Weg.

„Beziehungswährung" meint ein familieninternes System von positiven bzw. negativen Bewertungen für Haltungen oder Handlungen. In der einen Familie können beispielsweise sportliche Aktivitäten, in einer anderen musische Interessen und in einer dritten technisches Know-how hoch angesehen sein. Es gibt Familien, da wird die Einhaltung von Höflichkeits- und Ordnungsregeln emotional interpretiert, d.h., als Ausdruck von Wertschätzung und Zuneigung gegenüber den anderen Familienmitgliedern. In anderen gelten Höflichkeit und Ordnung zwar auch als erstrebenswert, ein Verstoß dagegen wird aber rein pragmatisch wahrgenommen, er kann stören, aber nicht kränken.

In manchen Familien gelten Neugier, (Rück)Fragen und Lust an (ruhig auch kontroversen) Diskussionen auch als Ausdruck von Lebendigkeit, in einer anderen als anstrengend, zudringlich oder gar Aufsässigkeit.

Eine US-Studie meldete kürzlich, Männer, die gerne putzen, würden von ihren Frauen als sexuell attraktiver wahrgenommen. Frauen verstünden dies als Zeichen von Liebe und Zuwendung, die erotische Anziehung nach sich zöge. – So weit, so gut und allemal wünschenswert. Aber es gibt sicher auch Frauen, die männliche Putzaktivitäten als Übergriff oder Ausdruck von Kritik an den eigenen Putzbemühungen (miss)verstehen und eher unmutig oder verletzt reagieren. Ein schwieriges Terrain.

Trifft ein Mann aus einer Familie mit unbefangener Streitkultur auf eine Frau, in deren Familie verbale Auseinandersetzungen mit Verbot oder Angst besetzt waren, drohen Verwirrung und Missverständnisse. Ebenso, wenn eine Frau die sorglose Unordnung ihres neuen Liebhabers als Ausdruck von Desinteresse ihrer Person gegenüber interpretiert.

Beziehungen und Ehen, in denen die jeweils familiär geprägten Beziehungswährungen nicht übereinstimmen, haben es folgerichtig nicht leicht in diesen Punkten. Und es gibt nur einen Weg, solchen Fallen auf die Spur zu kommen: dass die Betroffenen darüber reden! Denn jede Situation, in der Ärger, Enttäuschung, Wut oder Traurigkeit über die vermeintliche Unachtsamkeit, Aggression o.ä. des anderen heruntergeschluckt wird, bedeutet eine emotionale Hypothek, die die Beziehung belastet.

Die Transaktionsanalyse spricht in dem Zusammenhang von „Rabattmarken". Rabattmarkensammler sind Menschen, die Ärger, Enttäuschung u.Ä. nicht äußern, sondern aufheben, um sie bei einem „günstigen Augenblick" dem anderen triumphierend zu präsentieren: Um Schuldgefühle zu provozieren, einen Streit über ein heikles Thema für sich günstig zu beeinflussen, ein eigenes Anliegen wirkungsvoller vertreten zu können etc.

Rabattmarkensammeln ist in Familien und Partnerschaften weit verbreitet, bewirkt aber grundsätzlich Unklarheit. Solange in unserem Beispiel Frau Maier ihren Unwillen und ihre Wünsche unterschlägt, bleibt die Quelle wechselseitiger Ärgernisse und Enttäuschungen verborgen.

Deshalb erfordert die Ausbildung emotionaler Kompetenz den Verzicht auf jede Form von Schummelei oder Lüge. Damit sind sowohl explizite Falschaussagen wie das Verschweigen von Dingen, die gesagt gehören, gemeint.

Herr Maier ist aber auch unzufrieden mit sich selbst. Weil er gegenüber seinem Sohn so aggressiv war. Aber manchmal nervt es ihn einfach, wie der Knirps hier als Prinz behandelt wird und er, der nun wirklich hart arbeitet und der Familie eine Menge Luxus ermöglicht, leer ausgeht. Es ist schon lange her, dass seine Frau ihn mal so richtig verwöhnt hat. Seit die Kinder da sind, ist sie meist angestrengt und genervt, wenn er nach Hause kommt. Sie schaut ihn kaum mal richtig an und ein ruhiges Gespräch über das, was in der Kanzlei so alles läuft, hatten sie schon ewig nicht mehr. Stattdessen muss er sich endlos Schulgeschichten anhören und dann noch, dass Wolfgang (das Wunderkind, er hätte sich schon bei der Namengebung dem Mozartfimmel seiner Frau verweigern sollen!) das neue Klavierstück schon ganz toll spielt. Manchmal ist er richtig eifersüchtig. Auf den eigenen Sohn! Ganz blöd fühlt er sich dabei. Zumal wenn er sich dann so aufspielt, von wegen „Knirps" und „weil ich das Geld ranschaffe wird auch gemacht, was ich sage". Wahrscheinlich hält ihn Wolfgang in den Momenten einfach für einen autoritären Typen und zieht sich innerlich zurück. Verschwiegener ist er eh geworden, gemeinsame Tollereien sind immer seltener.

Anstatt verbal auf den Tisch zu hauen, hätte er Wolfgangs Vorschlag auf sich wirken lassen können. Schließlich spielt auch er ganz gern Minigolf. Auf jeden Fall lieber, als in irgendwelchen Gärtnereien rumzustapfen. Er hätte Wolfgang ja bestärken und fragen können, ob es für ihn auch okay wäre, den Minigolfplan einfach um eine Woche zu verschieben. Und wenn sie dafür zum Seepark gingen, hätte Daniela jede Menge Platz, um mit ihren Inlinern rumzukurven und Freundin Steffi hätte im Auto zur Not auch noch Platz. Vielleicht wäre das ein guter Plan für alle gewesen, aber indem er Wolfgang einfach runtergeputzt hat, hat er diese Möglichkeit vermasselt. Mist.

Die Misere der Maiers ist letztlich banal. Aus solchen Familienzwisten wird keine Katastrophe erwachsen. Nur zunehmende Unzufriedenheit, Leere, Kontaktlosigkeit. Vermutlich lebt hier bald jeder mehr und mehr für sich. Sind die Kinder erst aus dem Haus, wird es vieler Rituale bedürfen, um das spärliche Verbindungs-Gerüst zwischen den Eheleuten Maier aufrechtzuerhalten.

Verschenktes Leben. Unnötig verschenktes Leben. Denn solche Formen frustrierender, emotional zerstörerischer Interaktion sind ja keine unheilbare Krankheit, die die Maiers dieser Welt ergeben aushalten müssten. Sie sind ein dysfunktionales Verhalten, das sich ändern lässt.

Das Konzept der emotionalen Kompetenz zeigt einen Weg auf, solche Veränderung zu bewirken. Es ist ein einfaches Konzept – und zugleich ein anspruchsvolles. Weil es eine Form der Offenheit und Genauigkeit im Umgang mit sich selbst und anderen verlangt, die nicht nur ungewohnt ist, sondern auch eine Dynamik in Gang setzt, die uns herausfordern wird.

Um sich dieser Herausforderung zu stellen, brauchen wir Sicherheit. Deshalb hat Claude Steiner einen Rahmen entworfen, der diese Sicherheit garantiert. Steiner nennt ihn den „kooperativen Vertrag“.

IV. Wir beginnen mit einer Vereinbarung: Der kooperative Vertrag

1. Was meint kooperativ – und warum Vertrag?

Wenn wir lernen wollen, angstfrei die eigenen Gefühle und die unseres Gegenübers wahrzunehmen und uns darüber auszutauschen, brauchen wir einen sicheren Rahmen. Wir müssen davon ausgehen können, dass das, was wir sagen, ebenso wenig ausgenutzt wird wie unsere Offenheit selbst, d. h. die Empfänglichkeit und Durchlässigkeit, auf die wir uns eingelassen haben. Wenn beispielsweise das Ehepaar Maier sich, wie unten beschrieben, zu einem Gespräch im Sinne des kooperativen Vertrags zusammensetzt, müssen beide sicher sein können,

a) dass das Aufdecken einer lang gehüteten Unwahrheit zuerst einmal als das entgegen genommen wird, was es (auch) ist: der Versuch, ehrlich und offen zu sein. Dieser Versuch hat den Akteur vermutlich eine Menge Mut gekostet. (Das heißt nicht, dass der oder die Belogene nicht – auch – gekränkt, geschockt oder ähnlich reagieren darf.)

b) dass keiner die ungewohnte Offenheit benutzt, um dem anderen beispielsweise eine „alte Geschichte“ vorzuhalten, späte Rache zu üben.

Um diese Sicherheit zu gewährleisten ist es notwendig, sich auf bestimmte Grundregeln zu einigen. Das heißt, Menschen, die sich um emotionale Kompetenz bemühen, verhalten sich **kooperativ** in Bezug auf die genannten Regeln. Sie entscheiden sich **freiwillig,** aber diese Entscheidung ist bindend – insofern: **Vertrag.**

2. Zentrale Elemente des kooperativen Vertrags

Damit der kooperative Vertrag, der die Entwicklung emotionaler Kompetenz im Sinne Claude Steiners begünstigt, die intendierte Wirkung hat, sollte er von allen Beteiligten freiwillig und aus einer gleichberechtigten Position heraus abgeschlossen werden.

Die Verpflichtung auf den kooperativen Vertrag verlangt in der Folge den **Verzicht auf manipulative Machtspiele und Abwertungen** (Power Plays) jeder Art.

Manipulative Machtspiele sind Manöver, die wir unternehmen, um andere Menschen dazu zu bringen, etwas zu tun, was diese nicht aus freien Stücken wollen – oder aber sie an etwas zu hindern, was diese (tun) wollen.

Je nach Vorgeschichte und Kräfteverteilung in unserer Familie Maier **könnte** der Einsatz von Frau Maier, mit dem sie den Abendbrottisch arrangiert, ein solches Machtspiel sein. Zum Beispiel wenn sie weiß, dass ihr Mann mit dem Gebot aufgewachsen ist: Du darfst deiner fleißigen und aufopferungsvollen Mutter (Frau) keinen Wunsch abschlagen. In dem Fall deckt sie den Tisch nicht nur üppig, um ihrer Familie eine Freude zu machen, sie will zugleich ihren Mann unter einen sanften Druck setzen und so ihren Plan fürs Wochenende durchsetzen, ohne ihn argumentativ vertreten zu müssen.

Die Skala möglicher Machtausübung ist groß. Das reicht von

- körperlicher Gewalt über
- offensichtliche Manipulationen: Ihr Sohn murkst beim Küchendienst so lange an der Spülmaschine herum, bis Sie ihm entnervt und zwecks Erhaltung Ihres Geschirrs die Arbeit abnehmen. „Bingo“, denkt er sich, „es funktioniert“, und er wird, wenn Sie nicht aufpassen, daraus rasch eine wiederkehrende Strategie machen.

  Umgekehrt verstoße ich mit dem Versprechen „Wenn du mit-

gehst zum Friseur, darfst du anschließend auch ins Kino" gegen sein Recht auf Selbstbestimmung und bringe ein Moment von Unsauberkeit in unseren Kontakt
– bis hin zu subtilen manipulativen Gesten oder Aktionen wie Frau Maiers Eifer bei der Gestaltung des Abendbrottisches.

Claude Steiner liefert für die Skala möglicher Machtspiele ein anschauliches Beispiel:

„Wenn du ein Brot hast, das ich haben will, dann entreiße ich es dir einfach und esse es auf, während ich dich am Boden festhalte. Das ist der offene und brutale Weg. Es gibt aber noch andere Wege. Ich könnte versuchen, dir einzureden, dass das Brot mir gehört und dass ich mehr Rechte daran habe als du. Ich könnte dir einen solchen Hunger vorspielen, dass du aus Schuldgefühl oder Scham verzichtest. Oder ich mache dir mit dunklen Andeutungen Angst, dass dir das Brot im Halse stecken bleibt, wenn du es nicht mit mir teilst. Oder: Ich nehme es dir im Scherz weg und esse es auf." (Macht ohne Ausbeutung, S. 33)

„Ihr wisst ja, Kuchen macht dick", wirft der Sunnyboy in die Kaffeerunde, und schwupps ist das letzte Stück weg – kennen wir alle. Und kaum einer wird protestieren, denn wer will schon als „Gierbolzen" oder Spielverderber dastehen.

Zwei Arten von Power Play – (psychischen) Machtspielen – sind besonders häufig:

a. Lügen:

Dazu gehören sowohl solche, in denen wir direkt falsche Sachverhalte äußern wie auch die, mit denen wir durch Verschweigen und Verschleierungen die Wirklichkeit verzerren.

Ein Beispiel für verschleiernden Umgang mit eigenen Wünschen hat uns Frau Maier schon geliefert. Und auch schon eine Ahnung vermittelt, wie viel sie dabei verschenkt: zum Beispiel die Erfahrung, die eigenen Interessen entschieden und zugleich kooperativ durchsetzen zu können. Außerdem einen Austausch mit ihrem Mann darüber, mit welchen inneren Bildern sie diese Beziehung gestaltet (Stichwort Keller aufräumen). Vermutlich würde sie, bei wirklicher Offenheit zwischen den beiden, etwas über entsprechende Bilder ihres Mannes lernen und mehr begreifen von ihm.

Vielleicht wird dabei allerdings auch offenbar, wie oft ihr Mann in den letzten Jahren schon seine tatsächlichen Wünsche und Interessen hintan gestellt hat, um seine Frau nicht zu verärgern oder ihr die so heiß begehrte Familienharmonie zu schenken.

Als ein paar Kollegen ihn im letzten Jahr wegen einer neu gegründeten Volleyballgruppe ansprachen, hat er gleich abgesagt – die lag nämlich Freitagabend und das gemeinsame Familienabendbrot wollte er nicht einmal versuchsweise in Frage stellen. Im Frühsommer dieses Jahres hatte ihn sein Freund wegen einer Ruderpartie gefragt, die er zusammen mit zwei anderen gemeinsamen Bekannten geplant hatte. Abgewinkt! An dem Wochenende hatten sich die Schwiegereltern angesagt und Herr Maier wusste, wie wichtig seiner Frau dieser Kontakt ist, einschließlich der Präsenz ihres Mannes. Allein die Frage hätte sie als Affront begriffen und vermutlich hätten sich wieder endlose Diskussionen um Familienzusammenhalt und sein fehlendes Engagement angeschlossen. Er hasste diese Gespräche und hatte deshalb von sich aus verzichtet, ohne überhaupt von solchen Angeboten zu erzählen. Und als hätte er seiner Frau schon durch seine „abtrünnigen" Impulse Unrecht getan, bot er sich sogar an, für seine Schwiegereltern eine Sightseeing-Tour durch die Region zusammenzustellen. „Das hast du dir nun selbst eingebrockt", hatte er sich an diesem nicht enden wollenden Nachmittag dann immer wieder vorgehalten, zwischendurch aber trotzdem eine ziemliche Wut auf seine Frau gehabt, die ihn mit ihrem Familienfimmel in solche Situationen brachte!

Spätestens bei dieser Wochenendgeschichte würden die Maiers auf die zweite große Kommunikations- und Interaktionsfalle stoßen, die Claude Steiner in seinem kooperativen Vertrag auf die Liste der verbotenen Machtspiele setzt, die

b. Rettungen

Eine Rettung wird dann vollzogen, wenn jemand etwas macht, was er gar nicht will oder mehr macht, als ihr/sein angemessener Anteil ist.

Ein alltäglicher Fall von Rettung durch zuviel bzw. ein partiell unehrliches Engagement könnte etwa so verlaufen: Während ich arbeite, ruft eine Freundin an und beginnt, ohne sich zu erkundigen, in welcher Situation sie mich erwischt, aufgeregt von einem bösen Brief ihrer Mutter zu erzählen. Ich bin irritiert, mag mich eigentlich jetzt nicht unterbrechen lassen, dieser Wunsch steht allerdings im Widerspruch zu meinem Ideal einer guten Freundin (Schuldgefühle), also halte ich mich nervös und zunehmend unwillig zurück. Irgendwann bemerkt die Freundin mein Schweigen und fragt: Oh, störe ich dich? Ich bestätige, dass ich gerade bei der Arbeit bin, worauf sie sich wortreich entschuldigt. Daraufhin bekomme ich ein schlechtes Gewissen. Schließlich ist sie eine Freundin und offenbar aufgewühlt, also ermuntere ich sie: Macht doch nichts, erzähl ruhig weiter, was hat deine Mutter denn noch geschrieben …

Dabei würde ich nichts lieber tun, als auflegen und weiter schreiben! Vermutlich wird sich meine gedankliche Abwesenheit und Unruhe irgendwann selbst per Telefon mitteilen und meine Freundin in Verwirrung stürzen, denn schließlich hatte ich ja explizit nachgefragt.

Der Versuch, diese Freundin davor zu bewahren, dass sie sich aufdringlich erlebt, erzeugt eine Mischung aus Verwirrung, unverstandenem Ärger, Höflichkeit und Misstrauen. Dieser diffuse Mix ist vermutlich belastender als der Eindruck, der durch die Rettung vermieden werden sollte.

Auch Rettungen im Sinne eines unangemessenen, aus punktueller Egozentrik resultierenden Engagements ergeben sich beinahe täglich, zum Beispiel so:

Ihr Sohn sitzt über den Englischaufgaben und da ist eine Konstruktion, die kriegt er einfach nicht hin. Sie folgen seinem Ruf nach Hilfe und leiten ihn durch geschickte Fragen zu einer eigenen, korrekten Antwort. In den paar Minuten gemeinsamer Problemlösung hat sich bei Ihnen die angenehme Erinnerung an den eigenen Englischunterricht eingestellt, in dem Sie ohne Anstrengung zu glänzen vermochten. Englisch war einfach Ihr Fach und aus diesem Gefühl heraus wandern Sie jetzt zur nächsten Aufgabe Ihres Sohnes – und schon ist sie gelöst. Ohne es recht zu merken, diktieren Sie Ihrem Sohn auch die folgenden Sätze und freuen sich, wie gut das noch geht. Natürlich wird sich Ihr Sohn nicht wehren. Aber gelernt hat er bei dieser Hausaufgabe vermutlich nichts. Sie haben ihm eine halbe Stunde mehr Freizeit geschenkt, aber den Genuss des eigenen Weges und der selbst eroberten Lösung genommen.

Rettungen gehören, im Gegensatz zu Lügen und Unterschlagungen, zu den sozial anerkannten Verhaltensweisen. Sich unentwegt um das Wohl seiner Mitmenschen zu bemühen, Ihnen Ratschläge zu geben, Aufgaben und Lasten für andere zu übernehmen, gilt als positives Engagement. Dessen problematische Seite wird allenfalls als „overprotection“ gelegentlich wahrgenommen und kritisch besprochen.

Rettungen können aber für einen Kontakt ähnlich verheerende Folgen haben wie Lügen. Weil sie den anderen entweder entmündigen oder aber zum Opfer machen, ohne dass dieser das will und oft auch ohne dass er es merkt. Bleibt der Dank für die Hilfestellung aus, schlägt die generöse Haltung des Retters nur zu leicht um in Wut oder Vorwürfe. Die wiederum sind für den vermeintlich Geretteten völlig unverständlich, also wird er sich gegen solche Ansinnen wehren. Aus dem Opfer wird so ein Verfolger, der nun seinerseits ...

Wir alle kennen die Spirale aus Missverständnissen und Verletzungen, die auf diesem Wege entstehen kann.

Problematisch wird es meist, wenn die Rollen zu starren Verhaltensweisen gerinnen, die der tatsächlichen Komplexität von Situationen, Interaktionen und Gefühlen nicht gerecht werden.

Wenn beispielsweise ein notorischer Verfolger nur über Streit Kontakt knüpfen kann oder wegen jeder Efeuranke, die widerrechtlich in seinen Garten reicht, einen Prozess vom Zaun bricht. – Ankläger sind oft auch ehrbare Kämpfer, die die Interessen anderer verfechten. Allerdings versäumen sie dabei leicht den Punkt, wo der Fight zum Selbstzweck wird und sie nicht mehr um eines Zieles willen kämpfen, sondern nur noch wie automatisch in die vertraute Rolle schlüpfen.

Wer gewohnt ist, sich als Opfer zu inszenieren, wird immer wieder jemanden finden, der sich ihrer bzw. seiner Aufgaben annimmt. Das sind die, die sich immer nicht zurechtfinden im praktischen Leben, die Männer, die sich kein Spiegelei machen können oder die nervösen Hühnchen, die beim Rückwärtseinparken ihren Mann ans Steuer bitten. All die Prinzessinnen und zerstreuten Professoren, die ständig von anderen unter die Fittiche genommen werden müssen und mit ihrer demonstrativen Unbeholfenheit um Hilfe rufen.

Gewohnheitsmäßige Retter wiederum tun sich schwer mit der Autonomie der anderen. Immer langen sie hilfreich dazwischen, wenn andere etwas auf die ihnen eigene Weise tun wollen. Oder sie belämmern einen mit „guten Ratschlägen“. Notorische Retter wissen auf wunderbare Weise schon vor uns, was uns gut tut und vor lauter Sorge lassen sie uns keinen eigenen Raum.

Wir alle übernehmen pausenlos solche Rollen. Wir tun es, so Eric Berne, der Begründer der Transaktionsanalyse und Lehrer

Claude Steiners, weil es uns hilft, Zeit zu strukturieren, eine Bestätigung von Skriptinhalten zu erhalten sowie als Ersatz für Intimität – und Zuwendung: Wir spielen Rollen, weil wir erfahren haben, dass wir dadurch Zuwendung bekommen oder doch einen Ersatz, nämlich negative Zuwendung.

Die meisten Menschen bevorzugen eine der drei Rollen, aber die Spiele (ritualisierten Abläufe), in denen Menschen sich bewegen, sind meist dadurch gekennzeichnet, dass Figuren die Positionen wechseln, Opfer oder Retter beispielsweise plötzlich zu Verfolgern werden. Das erhöht den Eindruck von Eigendynamik und Unwirklichkeit, der zur endlosen, quasi blinden, weil undurchschauten Wiederholung solcher Situationen führt. Am Beispiel:

Eine Sozialarbeiterin empfängt einen Sozialhilfeempfänger, der wieder seine Wohnung verloren hat und Unterschlupf sucht. Sie macht ihm eine Veilzahl von Vorschlägen, wie er sich vorübergehend (Notunterkunft) und langfristig eine neue Bleibe suchen kann. Der Mann reagiert anfangs auf jede ihrer Überlegung mit einem höflichen „Das ist im Prinzip eine gute Idee“, um dann auszuführen, warum sie für ihn aber keine Lösung sein kann. („Ja, aber ...“) Als die Sozialarbeiterin es schließlich satt hat, sich das Gehirn zu zermartern um laufend Abfuhren zu bekommen und ihrerseits abschließt: „Ja, ich glaube, da kann ich Ihnen tatsächlich nicht helfen“, faucht er sie an: „Na super, hätte mir gleich denken können, dass so ein Gang zum Amt nutzlos ist. Was haben Sie eigentlich gelernt, wenn Sie schon ein so simples Problem nicht lösen können!?“

Der Obdachlose hat zwar keine Wohnung bekommen, in seinem Spiel aber einen Sieg errungen – und die Sozialarbeiterin hat in ihrer Retterinnenrolle eine Frustration erlebt, die ihr nur allzu vertraut sein dürfte.

(Vgl. zur Struktur, Dynamik und dem Ertrag von Spielen ausführlich: Eric Berne: Spiele der Erwachsenen und Stewart/ Joines, S. 331f.)

Solche vertrauten Reaktionsmuster vermitteln Sicherheit. Eine andere Sicherheit als jene liebevolle Akzeptanz, die Claude Steiners Konzept uns ermöglicht. Es ist die Form von Sicherheit, die uns vertraut ist und solange wir keine andere kennen, fällt es uns schwer, auf diese Rollen und die Orientierung, die sie uns vermitteln, zu verzichten. Damit aber werden solche Rollen – neben Lügen und Power Play – zu einem der Gründe.

3. Warum es uns – im Alltag – schwer fällt, den kooperativen Vertrag zu schließen und einzuhalten

Wir achten nicht darauf, aber in Alltagskontakten bedienen wir uns unentwegt unauffälliger Manipulation. Meist, um unsere eigenen Interessen anderen gegenüber möglichst wirkungsvoll (und unauffällig!) durchzusetzen.

Wir werden autoritär („Solange du die Beine unter meinen Tisch setzt, bestimme ich, was Samstagabend im Fernsehen angeschaut wird"), unterschlagen, lügen, verpacken unsere Wünsche als „objektiv" gebotene Handlungsalternativen („Das Wetter soll schlecht werden, da ist ein Saunabesuch eher angesagt als eine Fahrradtour") oder verunsichern unser Gegenüber durch ironische Bemerkungen so, dass es seine Interessen aus dem Blick verliert. Zum Beispiel so: Frau und Herr Maier wollen essen gehen, Frau Maier ginge gern zu Marcello, dem feinen Italiener, Herrn Maier ist eher nach Steak und Fritten zumute. Während sie unschlüssig auf der Straße stehen, meint Herr Maier mit spöttischem Unterton: „Du hast ja vielleicht ein tolles Kleid an, geradezu ideal für ein edles Restaurant!"

Frau Maier, die dieses Kleid mag, zugleich aber fürchtet, es könnte etwas zu eng sein für ihre mollige Figur, ist jetzt nur noch mit ihrem Körper, dem Kleid und der Doppelbotschaft ihres Mannes beschäftigt. Der ergreift die Gelegenheit: „Ach lass uns doch zum Hirschen um die Ecke gehen". Arrivederci Marcello!

All diese Manipulationen sind uns so vertraut, dass wir uns gar nicht erst vorstellen können bzw. wollen, darauf zu verzichten. Genau das aber verlangt ein ernsthaftes Bemühen um emotionale Kompetenz.

Ebenso wie Ehrlichkeit und Offenheit. Was aber wird passieren, wenn wir uns darauf einlassen? Wenn wir auf die vertraut gewordenen kleinen Lügen verzichten, uns zu unseren tatsächlichen Gefühlen bekennen. Die Vorstellung macht uns Angst.

Um dieser Angst Rechnung zu tragen und jede einzelne Situation innerhalb des kooperativen Vertrags noch einmal gesondert abzusichern, hat Steiner einen weiteren Grundsatz formuliert:

Vor jeder Äußerung – sei es Anerkennung, eine Fantasie (z. B. über die Befindlichkeit des anderen, seine Gedanken oder Motive), eine Entschuldigung oder Ähnliches – wird um Erlaubnis gefragt. Ziel dieser Ankündigung ist es, den anderen möglichst einfühlsam vorzubereiten. Bei einem schlichten Kompliment dürfte dies nicht schwierig sein. Ja, auch wenn ich einem Menschen ein Kompliment machen oder ihn umarmen will, bitte ich vorher um Erlaubnis. Sinn dieser Regelung ist, jede Art von Grenzüberschreitung zu unterbinden, den anderen wirklich wahr- und ernst zu nehmen – und so für ihn eine möglichst sichere Situation herzustellen.

Wenn ich z. B. weiß oder doch vermute, dass meine Äußerung dem anderen zu schaffen machen könnte, ist es fair, auch das anzudeuten, etwa so: „Ich möchte dir etwas sagen, das dich möglicherweise verletzt. Kannst du es jetzt hören oder möchtest du einen anderen Zeitpunkt für unser Gespräch bestimmen?"

Es ist immer möglich, dass ein Mensch diese Zuwendung aktuell oder grundsätzlich nicht annehmen kann bzw. will. Respekt gegenüber der freien Entscheidung des anderen bedeutet, dass ich ihm die Möglichkeit einräume; im Grunde eine Selbstverständlichkeit, die wir jedoch – besonders gegenüber (kleinen) Kindern – oft nicht beachten.

Doch obwohl diese Regel offenkundig einen Schutz für alle Beteiligten bietet, wird sie für manche Menschen wiederum zu einer Hürde, die es ihnen erschwert, sich auf den kooperativen Vertrag einzulassen. Weil dieses – offensichtlich künstliche – Arrangement ihnen peinlich erscheint, „so redet doch keiner". Im Alltag ist es daher wichtig, die starre Formulierung „darf ich ..." durch Alternativen zu ersetzen. Ich kann fragen „Magst du ...", „Hast du gerade ein Ohr ...", „Ich würde (dir) gern ..." etc.

Außerdem gilt für viele Situationen, in denen wir etwas lernen, zumindest anfangs ein spezielles Arrangement. Beim Autofahren kontrolliert der Fahrlehrer alle Funktionen mit einem zweiten Pedal. Wenn Sie Ihrer Tochter zeigen, wie man Fahrrad fährt, zerlegen Sie einen komplexen Vorgang, in dem viele Teilhandlungen synchron vollzogen werden, in seine Bestandteile, damit sie jeden einzeln begreifen und üben kann. Wenn Sie ein Klavierstück lernen, üben Sie zuerst Violinen- und Bassschlüssel getrennt, dazu die besonders schwierigen Takte mehrfach für sich, erst dann setzen Sie das ganze Stück wieder zusammen. So ist es auch beim Bemühen um emotionale Kompetenz. Die Kommunikation, derer es dazu bedarf, ist anfangs unvertraut, wirkt für manche vielleicht auch zu wenig spontan, manieriert.

Wer aber die Wirkung erlebt, die diese reglementierte Form des Austauschs hat, der wird rasch die Skepsis verlieren. Wer sich auf die Dynamik der Gefühls- und interaktiven Prozesse einlässt, die das Training emotionaler Kompetenz auslöst, der wird bald so mit ungewohnten Gefühlen und aufregenden Kontakterlebnissen beschäftigt sein, dass die etwas künstliche Kommunikationssituation in den Hintergrund tritt. Und jeder, der mit dem Gebot, um Erlaubnis zu fragen, eine Weile experimentiert, wird dessen hilfreiche Wirkung unmittelbar erleben.

„Schließlich", so Steiner, „werden sie kompetent genug sein zu entscheiden, welche Situation einer förmlichen Einleitung bedarf und wann sie ohne weiteres den Mund aufmachen können." (EK S. 88)

Wenn Menschen eine Weile nach den Regeln der emotionalen Kompetenz miteinander umgegangen sind, wird schließlich irgendwann ein fragender Blick oder ein Augenzwinkern genügen, um einen Beitrag anzukündigen.

Es gibt natürlich auch tiefer liegende Gründe, warum man dem kooperativen Vertrag mit Skepsis begegnen kann.

Eine Mutter, die bei ihren erwachsenen Kindern nur noch durch gewaltige Krankheitsdrohungen und opulente Geschenke für die Enkel gelegentliche Besuche erreicht, wird sich fürchten, auf diesen erpresserischen Mix aus Drohung und Belohnung zu verzichten.

Ein Vater, der seit Jahren nur durch autoritäre Diktate („Ich bin der Boß, ich sage, was gemacht wird") erzwingt, dass die Kinder allsonntäglich brav mit zu seinen Eltern fahren, wird sich gar nicht vorstellen können, mit seinen Sprösslingen über Alternativen zu verhandeln.

Ein Ehepaar, das sich seit Jahren wechselnde Affären verheimlicht, wird mit Entsetzen auf den Vorschlag reagieren, in vollständiger Ehrlichkeit und Offenheit miteinander umzugehen.

Das konsequente Verbot jeder Lüge (oder Halbwahrheit, Schummelei, „schonender Wahrheit" oder wie die Begriffe lauten mögen, mit denen wir unsere Bequemlichkeit und Konfliktscheu kaschieren) dürfte langfristig neben dem Gewinn an Zuwendung die umwälzendste (und anspruchsvollste) neue Erfahrung sein, die der Gewinn an emotionaler Kompetenz mit sich bringt. Emotionale Kompetenz schult das Gespür dafür, wie viel Wahrheit bzw. Offenheit wem gegenüber in der jeweiligen Situation möglich ist. Mit Ehrlichkeit ist daher nicht etwa eine rücksichtslose Offenheit gemeint, die für sich in Anspruch nimmt, jedes Gefühl sofort und ohne Filter abzulassen, sondern der Verzicht auf die Vermeidungsstrategien und alltäglichen Betrügereien, mit denen wir uns und unsere Mitmenschen in die Irre führen.

Zwar leben die meisten Menschen, einmal darin eingerichtet, gar nicht schlecht mit all den vertraut gewordenen kleinen Heimlichkeiten, Erpressungen, Drohungen und Lügen. Aber sie leben auf einem Pulverfass. Und sie belügen nicht nur andere, sondern auch sich selbst.

Exkurs: Notlügen – gibt es so etwas?

„Keine Lügen“ verlangt der kooperative Vertrag – und weil wir alle gelernt haben, dass Lügen bedenklich bzw. „böse“ sind und zudem „kurze Beine haben“, wie der Volksmund sagt, leuchtet uns dieser Grundsatz spontan ein.

Aber wenn wir versuchen, den Verzicht auf Lügen von einer Gruppen-, Beratungs- oder Therapiesituation konsequent auf unseren Alltag zu übertragen, geraten wir bald in Schwierigkeiten: weil wir wohl alle gewöhnt sind, unser Leben gelegentlich auch mit Lügen, meist sogenannten harmlosen Lügen, zu bestreiten.

Zum Beispiel aus Höflichkeit: Um unsere Freunde nicht zu kränken, sagen wir den Kinobesuch nicht mit der wirklichen Begründung (keine Lust) ab, sondern erfinden eine sich anbahnende Erkältung.

Um die (Schwieger)Eltern nicht zu verprellen, verschieben wir den Besuch bei ihnen nicht wegen des wirklichen Grundes (einem schwelenden Streit mit dem Partner, den wir nicht zusätzlich komplizieren wollen durch einen erfahrunsgsgemäß konfliktreichen Besuch bei den Eltern), sondern wegen einer angeblichen Fortbildung.

Um das Kind von seiner hartnäckigen (und angstvollen) Frage „Mama, warum weinst du so?“ abzulenken, erfindet diese Mutter einen Phantomkopfschmerz – um nicht darüber sprechen zu müssen, dass das Telefonat mit ihrer eigenen Mutter wieder einmal chaotisch und verletzend verlaufen ist.

„Aber das ist doch auch völlig einsichtig", mögen manche LeserInnen in diesem Fall einwerfen. „Kinder verstehen so etwas nur schwer und geraten durch solche Probleme möglicherweise in einen Loyalitätskonflikt. Es ist sinnvoll und einfühlsam, sie davor zu schützen.

Ja, das ist es. Die Frage ist nur, wie wir das tun. Wir können dem Kind auch freundlich-entschieden erklären, dass wir darüber nicht sprechen wollen im Moment. Damit haben wir eine Grenze gezogen, die das Kind zwar ärgern oder provozieren mag, die ihm aber auch Halt vermittelt. Während eine Lüge etwas Verunsicherndes in den Kontakt bringt, weil sie die Wirklichkeit verfälscht.

Das Beispiel führt uns in den Grenzbereich der so genannten Notlügen.

Notlügen – so sagt das Wort – stehen nicht im Dienst von Bequemlichkeit, Höflichkeit, eilfertigem Harmoniebedürfnis –, sondern sind aus der Not geboren oder sollen aus einer Not retten.

Aber was sind es tatsächlich für Situationen, in denen wir zu so genannten Notlügen greifen? Schließlich sitzen wir alle nicht auf einem Folterstuhl, auf dem die Wahrheit Menschenleben kosten und eine Lüge Menschenleben retten kann. Insofern gehorchen auch die „Notlügen", in die wir uns flüchten, wenn man genauer hinsieht, letztlich meist unserem Bedürfnis nach Konfliktvermeidung.

Wer geriete denn wirklich **in Not,** wenn die Mutter in unserem Beispiel ihrem Kind wahrheitsgemäß antworten würde, dass die Oma mit ihren Kommentaren sie manchmal sehr traurig oder wütend macht.

Sie riskiert, dass das Kind nachfragt, möglicherweise ins Grübeln gerät und beim nächsten Familientreffen vielleicht sogar unbotmäßige Fragen stellt („Oma, warum bist du manchmal so garstig zu Mama?). Das ist ungewohnt, vielleicht peinlich, es wird ein Gespräch heraufbeschwören oder, im ungünstigeren Fall, einen gekränkten oder empörten Aufbruch der Mutter. Strukturen geraten ins Wanken, Tabus werden offen gelegt – wirklich in Not aber gerät dadurch niemand!

In Not gerät ein Kind eher, wenn es bemerkt, dass seine Eltern lügen. Lügen gegenüber Freunden, dem Chef oder den Großeltern. In Not gerät es ganz und gar, wenn es feststellt, dass es selbst von seinen Eltern belogen wird. Weil dadurch das Gefühl von Sicherheit im Kontakt verloren geht. Eine Zuverlässigkeit, die wir alle brauchen – und Kinder besonders.

Einen eindringlichen Beleg für die vertrauenzerstörende Wirkung **jeder** Lüge liefert die Autorin Bettina von Kleist in ihrem Buch über Frauen, deren Männer sich im Verlauf der Beziehung bzw. Ehe als schwul outeten.

Unter den Befragten hatte sich ein Elternpaar entschieden, den Kindern den Umzug des Vaters von der Familie zu seinem Liebespartner als vermeintliches Arbeitszimmer zu präsentieren. Als sie den Geschwistern ein Jahr später den wahren Sachverhalt offenbarten, war für den mittlerweile achtjährigen Sohn die Tatsache, dass seine Eltern ihn angelogen hatten, schmerzhafter und irritierender als des Vaters Auszug und sexuelle Umorientierung. „Justus war sehr enttäuscht, dass wir ihn angelogen hatten. Ich sagte ihm, dass unser Schmerz damals so groß war, dass wir ihm das noch nicht erklären konnten. Aber er hat uns die Lüge nicht verziehen. Er weinte und fragte, ob er jetzt auch schwul werde." (B. v. Kleist, S. 42)

Das Beispiel zeigt die doppelt zerstörerische Wirkung einer Lüge sehr klar: den Schmerz – und die fundamentale Verunsicherung. Mit der Glaubwürdigkeit der Eltern ist für dieses Kind die ganze Welt – und damit auch die eigene Identität – unsicher geworden.

Lügen zerstören ein Stück Vertrauen, Orientierung, Geborgenheit. Immer. Selbst wenn sie nicht offenbar werden, unterhöhlen Lügen – zumal wenn sie wiederholt auftreten – die Vertrauensbasis einer Beziehung.

Wenn das Bemühen um emotionale Kompetenz Lügen verbietet, dann also nicht aus abstrakt-philosophischen oder christlich-moralischen Gründen, sondern aus prinzipiellen Erwägungen:

Sich emotional kompetent zu verhalten bedeutet, einander zugewandt zu begegnen, die eigenen und die Gefühle des Gegenübers möglichst unvoreingenommen wahrzunehmen, zu respektieren und verantwortungsvoll damit umzugehen. Diesem Bestreben nach Offenheit, Klarheit und Verbindlichkeit stehen Lügen, und zwar jede Art von Lügen, entgegen.

Und wenn wir uns bei jeder vermeintlichen Not-Lüge ernsthaft fragen, ob sie wirklich unvermeidlich ist (und für wen sie – scheinbar, angeblich – unvermeidlich ist?), dann werden wir rasch erkennen, dass die meisten sogenannten Notlügen allenfalls einer subjektiven Bedrängnis entspringen. Wer sich dieser Bedrängnis stellt, wird jenseits der akuten Krise einen Zuwachs an Freiheit (nicht zufällig spricht man vom „Lügennetz“) und Verbundenheit erleben.

Im Grunde, ließe sich provozierend sagen, ist jede Lüge eine Notlüge – allerdings in einem anderen als dem üblichen Wort-Sinn: Indem sie Vertrauen zwischen Menschen zerstört, bringt sie Beziehungen in eine Notlage. Wer also zur Lüge greift, auch wenn er nach eigenem Empfinden zu einer Notlüge Zuflucht nimmt, der sollte sich – zumal wenn er sich um emotionale Kompetenz bemüht – immer bewusst machen, wie hoch der Preis ist, den er für diese Aus-Flucht bezahlt.

Die Überlegungen zu Notlügen machen noch einmal deutlich, warum es ein anspruchsvoller und ernsthafter Akt ist, einen kooperativen Vertrag zu schließen – als Paar, als Familie, als

Verbund von Freunden. Er bedarf laufend der Erneuerung bzw. Bekräftigung. Denn wir alle verstoßen unweigerlich immer wieder gegen seine Gebote.

Die Verpflichtung auf den kooperativen Vertrag ist freiwillig. Sie ist aber für jene, die sich darauf einlassen, verbindlich. Man kann sich explizit daraus entbinden lassen. Aber wenn man ernsthaft an der Ausbildung emotionaler Kompetenz interessiert ist, darf man ihn nicht stillklammheimlich für sich aufkündigen – etwa weil einem gerade das Thema oder eins der Gebote nicht mehr behagt.

Obwohl nicht mehr als ein Katalog von Richtlinien, ein Rahmen für offene, produktive Kommunikation und Interaktion, eröffnet der kooperative Vertrag doch wesentlich den Zugang zu unseren Gefühlen und ist damit der erste wichtige Schritt auf dem Weg zu mehr emotionaler Kompetenz.

V. Kleine Schritte – große Wirkung

1. Das Herz öffnen

Sie erinnern sich an die Enttäuschung von Frau Maier, die (unbewusst oder doch uneingestanden) ein Lob erhofft hatte für den schön gedeckten Tisch? Mit einer Mischung aus Ärger und Traurigkeit hat sie das Schweigen ihrer Familie hingenommen. Diese ungute Gefühlslage hat freilich ihr Verhalten im weiteren Verlauf des Abendessens entscheidend geprägt. Haben doch grundsätzlich Gefühle, die nicht wahrgenommen oder unterdrückt werden, oft eine stärkere (und vor allem schwerer zu kontrollierende) Wirkung als solche, mit denen wir emotional und verbal offen umgehen. (Den Gedanken gibt es in der Einleitung schon. Sinnvolle oder störende Wiederholung?)

Nun hätte Frau Maier natürlich auch ihrerseits anregen können, dass ihre Bemühungen erst mal gewürdigt werden, bevor sich alle auf die Brote stürzen. Kleine Kinder fragen meist noch unbefangen nach Lob und Zuspruch. Aber wer wagt schon, einmal erwachsen geworden, noch explizit um ein Lob, ein Kompliment o. Ä. zu bitten! Zum Verbot von „fishing for compliments" gesellen sich eine ganze Reihe von Sprichwörtern, die wir verinnerlicht haben: Hochmut kommt vor dem Fall; Eigenlob stinkt; nicht gescholten ist genug gelobt; etc. etc.

Die Entzugs- bzw. Verbotsökonomie, die in solchen Sätzen ihren Niederschlag gefunden hat, bestimmt wesentlich, wie wir als Erwachsene mit Zuwendung, Komplimenten und Lob umgehen. Unbeholfen, sauertöpfisch und restriktiv auf der einen

Seite – angstvoll bis hin zur Panik auf der anderen. Denn viele Menschen leiden schon so lange unter dem Mangel an Zuwendung, dass die Aussicht auf oder die Erfahrung von ehrlicher, liebevoller Zuwendung sie emotional völlig überrollt. Da kann ein unerwartetes Lob einen Sturzbach von Tränen – und damit verbunden Scham – auslösen, ehe es seine stärkende Wirkung entfaltet. Ein Kompliment kann zu einer regelrechten Erschütterung des (bis dahin negativen) Selbstbildes des Adressaten führen, die erst verarbeitet werden muss.

Dass ein großzügiger – dabei ehrlicher und verantwortungsvoller, d.h. nicht bloß taktischer, manipulativer – Austausch von Zuwendung herzöffnend wirkt, kann jeder im Alltag erleben. Für Claude Steiner wurde der Mangel an Zuwendung denn auch nicht zufällig zum zentralen Ausgangspunkt seines Konzepts der emotionalen Kompetenz. Steiners besondere Aufmerksamkeit gegenüber dem Austausch – bzw. Mangel – von Zuwendung gründet auf eigenen Erfahrungen. In seiner Arbeit als transaktionsanalytischer Therapeut bemerkte er, dass es den Mitgliedern von Selbsterfahrungsgruppen – auch erfahrenen Psychologen – leichter fiel, sich gegenseitig unangenehme Dinge zu sagen und einander zu kritisieren als freundliche und stärkende Stellungnahmen auszutauschen. In gezieltem Kontrast zu dem von ihm beobachteten restriktiven Umgang mit Zuwendung (und der ihm zugrunde liegenden „Verknappungstheorie", bei Steiner „Stroke-Ökonomie"; wir sprechen statt von „stroke" von Zuwendung) formulierte Steiner eigene Regeln für den Umgang mit Zuwendung.

1. Gib Zuwendung, die du hast
   anstelle von: Gib keine Zuwendung, auch wenn du gerne möchtest.
2. Frage nach Zuwendung, die du willst
   anstelle von: Frage nicht nach Zuwendung, auch wenn du welche brauchst.

3. Nimm Zuwendung an, die dir gefällt
   anstelle von: Nimm keine Zuwendung an, wenn du welche willst.
4. Weise Zuwendung zurück, die du nicht willst
   anstelle von: Weise keine Zuwendung zurück, wenn du sie eigentlich nicht willst.
5. Gib dir selbst Zuwendung, wenn du sie brauchst
   anstelle von: Gib dir selbst keine Zuwendung.

So pointiert wie hier als Kontrast formuliert, würden vermutlich die meisten Menschen die Grundsätze der „Stroke-Ökonomie“ zurückweisen. Faktisch stehen wir aber alle – mehr oder weniger – unter ihrem Diktat. Obwohl diese Ökonomie, die eine großzügige Vergabe von Zuwendung verbietet, auf einem abwegigen Menschenbild beruht und vor dem Hintergrund zweier falscher Prämissen argumentiert:
1. Das Kontingent von Zuwendung, das Menschen geben können, ist begrenzt.
2. Wenn Menschen viel Zuwendung bekommen, werden sie zu eitlen, hochmütigen Egoisten.

Der Schatz an Zuwendungsmöglichkeiten, den wir in uns tragen, ist aber potentiell unbegrenzt – vorausgesetzt, das Verhältnis von geben und empfangen ist weitgehend ausgeglichen. Und dass wir uns selbst und andere zum Verzicht auf Zuwendung zwingen, weil sie angeblich schadet, ist ungefähr so, als würden wir uns ständig mangelhaft ernähren aus Furcht, dass wir zwangsläufig dick würden, wenn wir uns satt äßen.

Tatsächlich gibt es beim Umgang mit Zuwendung einen anderen, allerdings eher problematischen Mechanismus. Wir Menschen sind nämlich so bedürftig nach Zuwendung, dass wir bei Mangel an positiver Zuwendung eher negative Zuwendung zu erlangen versuchen, als dass wir ganz darauf verzichten. Ein Kind, das Aufmerksamkeit auf sich zieht, indem es stört und also absehbar getadelt wird, hat sich dieses im Grunde selbstschädigende Verhalten vermutlich am Ende einer langen „Versuchsreihe“ zugelegt. Es wird versucht haben, auf konstruktivem Weg positive Zuwendung zu bekommen. Wird es bei diesem Unternehmen ausdauernd enttäuscht, schlägt es andere, destruktive Wege ein. Erhält es dadurch Zuwendung – und sei es auch in Form von Schelte oder Strafe –, wird es dieses Verhalten wiederholen, weil jede Art von Zuwendung besser ist als gar keine.

Wie destruktiv dieser Zusammenhang sich auf Dauer auswirken kann, ist einleuchtend – und ebenso, wie wohl sich Menschen in der Regel miteinander fühlen, die positive Zuwendungen austauschen. Dennoch wird jeder, der sich im Bemühen um emotionale Kompetenz auch im großzügigen Umgang mit Zuwendung übt, rasch merken, wie zahlreich die Hindernisse sind, die uns von solch wohltuend(er)en Umgangsformen abhalten.

Da gibt es

- das Gefühl von Peinlichkeit: Ich möchte meiner Nachbarin etwas Freundliches über ihr Kleid sagen, aber eine innere Stimme meckert: Hast du nichts Wichtigeres anzumerken (und bei einem Mann: Vorsicht, das wird dir garantiert als Anmache ausgelegt!)
- das (misstrauische) Gebot der Zurückhaltung: Ich hätte gerne ein Kompliment für das Essen, das ich meinen FreundInnen gekocht habe, aber eine innere Stimme sagt: Warum bist du auch so angewiesen auf fremdes Lob. Vielleicht schmeckt es ihnen ja auch gar nicht und ihr Schweigen ist nicht etwa ein
- unausgesprochenes Lob, sondern ein verschluckter Tadel.
- eine Regel der Bescheidenheit: Eine Freundin sagt gleich nach dem ersten Bissen: „Es schmeckt super. Gibst du mir wohl das Rezept und sagst mir, worauf ich achten muss, damit es mir ebenso gelingt wie dir.“ Sie aber wiegeln ab: „Ach,

es müsste eigentlich noch knackiger sein. Ich hab es etwas zu lange kochen lassen. Das Ganze hängt sowieso weniger vom Koch als den guten Zutaten ab." – So erweisen sie sich zwar als bescheiden, haben das schöne Lob, das sie hätte nähren können, aber zurückgewiesen. Wenn ihre Freundin empfindsam ist, hat sie das vielleicht sogar irritiert, weil ihre Geste dadurch entwertet wurde. Vielleicht reagieren sie in unbewusster Erinnerung an den beliebten Spruch, der in Schulzeiten durch unsere Poesiealben geisterte:

Sei bescheiden wie das Veilchen / sittsam und rein,
nicht wie die stolze Rose / die immer bewundert will sein.

Auch so ein hinterhältiges Verbot im Gewand der Lebensweisheit!

- den Wunsch nach einer Art „Super-Stroke", d.h. Zuwendung von Seiten eines Menschen, der besonders wichtig für uns ist und wo das Ausbleiben der Zuwendung eine katastrophale Wirkung haben kann, insbesonders, wenn man explizit darum gebeten hat.
- Irritation oder Unmut: Thomas kommt nach einem langen Arbeitstag nach Hause, Dagmar hat wie gewohnt aufwendig gekocht und den Tisch gedeckt, sie hat sich aber auch noch geschminkt und ein neues Kleid angezogen. Thomas lobt hingebungsvoll das Essen, das saftige Fleisch, die Salatsoße, die cremige Mousse und auch den Wein, der so perfekt passt. Dagmar müsste glücklich sein – stattdessen ist sie gekränkt. Denn für sie selbst hat Thomas offenbar kein Auge, kein Wort übrig. Eine innere Stimme aber weist sie zurecht. Du bist undankbar. Freu dich, dass er dich überhaupt lobt. Dagmar freut sich nicht, aber sie gehorcht der inneren Nörgelstimme.
- subtile negative Zuwendung, die wir kaum als solche erkennen, die aber zielsicher zersetzend wirken kann („ein bunteres Kleid hast du wohl in deinem Schrank nicht gefun-

den!?"), oder solche, die sich als Kompliment verkleiden. Besonders häufig sind hier Vergleiche wie: „Deine Schwester hat die Intelligenz deines Vaters geerbt und du die Schönheit deiner Großmutter."

Und es gibt ein gewaltiges Verbot: Frau Maier hätte sich, wie gesagt, ja auch geschwind selbst loben können, bevor die liebevollen Arrangements von gierigen Händen zerrupft wurden. Aber natürlich hat sie alle Eigenlob- und Hochmutsätze tief gespeichert. Vielleicht gab es in ihrer Familie noch zusätzlich die Regel: Du musst es als Hausfrau für alle hübsch machen, das ist deine natürliche Aufgabe. So lange niemand etwas sagt, sind alle zufrieden und du hast dann auch zufrieden zu sein. – Frau Maier fällt mit solchen Sätzen als „Nur-Hausfrau" erst mal ganz aus dem System von Zuwendung und Lob, das für unsere emotionale Nahrung so wichtig ist wie Essen und Trinken für die körperliche. Ist sie hübsch und die Erotik zwischen den Maiers (noch) lebendig, bekommt sie vermutlich als Frau zumindest gelegentlich Zuspruch und Zärtlichkeit. Vielleicht ist sie sonst in einem Bereich aktiv, in dem sie gelobt wird, aber warum sollte sie nicht auch dort Lob ernten, wo sie die meiste Zeit des Tages verbringt – im Haushalt!

Zuwendung geben und nehmen zu lernen ist ein langwieriger Prozess, in dessen Verlauf wir bei uns und anderen auf ungeahnte Wunden und Bedürfnisse stoßen werden. Manchmal kann es „...ein regelrechter Kampf sein, bis man jemanden dazu bringt, einen aufrichtigen Stroke anzunehmen, aber es lohnt sich in jedem Fall", heißt es bei Steiner und weiter: Bedenken Sie auch, „dass ein Stroke auf den Empfänger manchmal wirkt wie das Wasser, das man einer verdorrten Topfpflanze gibt. Zunächst bleibt es an der Oberfläche stehen und kann nicht eindringen, dann aber durchfeuchtet es die Erde und erquickt die Pflanze. Manchmal muss man auch mehrmals gießen, bevor sich eine Wirkung zeigt". Denn wir haben eben nicht nur verlernt, unbefangen Zuwendung zu geben, wir scheuen uns auch, sie anzunehmen. Und warum?

Es sind diffuse Botschaften, vertraute innere Stimmen, die Dagmar, Frau Maier und die meisten von uns im normalen Alltag von einem unbefangen-großzügigen Umgang mit Zuwendung abhalten. Sie entspringen dem so genannten „Kritischen Eltern-Ich". Steiner und seine Kollegen sprachen im Englischen ursprünglich von „Pig Parent". In der Arbeit deutschsprachiger Therapeuten hat sich der Begriff „kritisches Eltern-Ich" etabliert. Mancher mag auch einen Widerstand empfinden bei der Vorstellung, ein solches „kritisches Eltern-Ich" in sich wüten zu lassen und eher zu Begriffen wie Dämon, Nörgler o. Ä. greifen. Schon das Nachdenken über die passende Bezeichnung wird uns viel über die Gestalt(en) offenbaren, die negative Stimmen in uns annehmen.

Attacken des „kritischen Eltern-Ichs" sind ebenso verbreitet wie penetrant, ebenso mächtig wie hinterhältig. Sie sind es, weil diese Angriffe nicht irgendein beliebiger Fremdkörper in uns sind, der uns stört und also entfernt wird, sondern ein konstitutiver Teil unseres Selbstbildes und unseres Kontaktes mit uns selbst. Oft dringen die gemeinen Botschaften des „kritischen Eltern-Ichs" dabei gar nicht in unser Bewusstsein, sondern wirken quasi subkutan, d. h., sie blockieren unsere Impulse, vereiteln Kontaktaufnahme zu anderen Menschen oder verhindern freundliche Gefühle uns selbst gegenüber, ohne dass wir es merken. Es sind von außen kommende Stimmen, die wir in uns aufgenommen (internalisiert) haben und in uns selbst hören. Manchmal wissen wir genau, zu wem ein bestimmter abwertender Satz gehört, dann wieder geistern sie als anonyme Flüche durch uns hindurch.

Definitiv verantwortlich sind diese zerstörerischen Stimmen auch, wie wir gesehen haben, für die „Verbotsökonomie" bei der Vergabe von Zuwendung.

Um ihnen zu begegnen, ihre zersetzenden Botschaften zurückzuweisen, sie zum Schweigen zu bringen, ist es notwendig, dass wir sie uns bewusst machen. Das kann ein sehr mühsamer, schmerzhafter Prozess sein. Denn wenn ich diese zerstörerischen, entwertenden Sätze ausspreche, gewinnen sie erst einmal sogar noch an Gewicht. – „Halt bloß still, du bist doch eh zu doof", mögen wir tausendmal innerlich gehört und uns dem Verdikt gefügt haben. Diesen hässlichen Satz laut werden zu lassen, kann gleichwohl akut eine Woge von Verzweiflung und Trauer auslösen – Trauer, dass wir uns diesem Urteil so lange gebeugt haben, Verzweiflung, weil es eine solche Macht über uns hat. Aber dieses Aussprechen kann zugleich der erste Schritt sein, um diese meist völlig haltlosen Verurteilungen – mit Hilfe anderer, durch Korrektur, ein gemeinsames Lachen – aufzuheben.

Attacken des „kritischen Eltern-Ichs" stehen uns natürlich nicht nur dann im Weg, wenn wir Zuwendung oder Anerkennung geben wollen. Sie sind auf gemeine Weise nahezu omnipräsente „treue Begleiter". Manche begrüßen uns schon morgens beim ersten Blick in den Spiegel, manche, wenn wir die Straßenbahn betreten, das Büro oder Klassenzimmer, die Konferenz oder den Fitnessraum.

- Guck dir die Frau dort am Fenster an und dann das Kleid, das du anhast – total altmodisch!
- Du und Muskeltraining, das ist ja lachhaft. Du brauchst gar nicht erst anzufangen.
- Klar, dass der Kuchen daneben gegangen ist. Du bist halt als Hausfrau unbrauchbar.
- Natürlich bitten die neuen Kollegen mich nicht zu ihrem Stammtisch. Ich kann ja nicht mal einen Witz gescheit erzählen,

  etc. etc.

Manche Menschen überfallen die destruktiven Botschaften in heimischen Gefilden, beim Gespräch mit den Eltern, Kindern, Partnern oder vor dem Fernseher – andere eher in der Öffentlichkeit.

Für Menschen, deren Selbstbild schon früh und massiv durch solche destruktiven Sätze geprägt wurde, kann die Konfrontation mit dem inneren Schweinhund sehr bedrohlich werden, wie eine Totalvernichtung wirken. Daher ist es wichtig zu lernen, ihm quasi die Stirn zu bieten, indem wir uns selbst Zuwendung geben. Indem wir in uns einen „nährenden Elternteil" aufbauen, der dem „kritischen Eltern-Ich" widerspricht. Manchmal ist es dabei hilfreich, eine gute Stimme aus der realen Welt (beispielsweise einer vertrauten Freundin, der Großmutter, des Geliebten oder der Therapeutin) quasi in sich aufzunehmen und gezielt gegen das „kritische Eltern-Ich" zum Einsatz zu bringen. Eine solche geliehene Stimme kann uns als Erwachsenen helfen, stärkende Kräfte und Sätze in uns selbst aufzubauen.

Gottlob lässt die Natur in den meisten Fällen während der ersten Jahre mit unseren Kindern die destruktiven Devisen der „Verbotsökonomie" in den Hintergrund treten. Wir sind verzückt über den brabbelnden und lächelnden Säugling, wir loben die ersten Schritte und Worte unseres Sprösslings, sein erstes selbst gemaltes Bild, den unbeholfenen Handstand und vielleicht noch die Fortschritte am Klavier. Doch irgendwann bricht der großzügige Umgang mit Zuwendung ab. Denn obwohl alle pädagogisch-psychologischen Forschungen das Gegenteil beweisen, hält sich der „erzieherische Grundsatz", Lob verwöhne die Kinder, hartnäckig. Vergiftete Ammenmärchen, Weissagungen der bösen Fee, die wir getreulich erfüllen.

Sobald wir aber beginnen, nur noch „wirkliche" Leistung anerkennend zu kommentieren und der Kinder Bitten um Zuwendung immer häufiger überhören – aus Eile, Unaufmerksamkeit oder „wohl durchdachtem" pädagogischen Kalkül –, reproduzieren wir selbst das „Sparmodell“, unter dem wir gelitten haben. Einfach weil wir es nicht anders kennen. – Der Teufelskreis ist perfekt.

Dass wir immer wieder – unbewusst, wie selbstverständlich – der oben skizzierten „Verbotsökonomie“ gehorchen, hat zur Folge, dass die meisten Erwachsenen, oft aber auch schon Kinder und Jugendliche, mit einer negativen **Zuwendungsbilanz** durchs Leben gehen. Wir bekommen zu wenig Zuwendung und Anerkennung, privat und beruflich, allgemein oder von bestimmten Menschen, und wir geben zu wenig Zuwendung – anderen und uns selbst.

Diese chronische Unterversorgung hat eigene Strukturen des Miteinanders und eine eigene interaktive Dynamik erzeugt, die schwer zu stoppen ist. So ersetzen hierarchische Strukturen konkrete Zuwendung durch Macht und Privilegien. Im unmittelbaren Kontakt kann ausgeprägtes Rivalisieren das Fehlen von Zuwendung (und das Verbot, darum zu bitten) kompensieren. Aber all dies sind indirekte Strategien, die zwar eine gewisse Befriedigung verschaffen, aber nie das Glück eines von Zuwendung bestimmten Kontaktes ersetzen können.

Werfen wir in dem Zusammenhang noch einmal einen Blick auf Familie Maiers Abendbrotmisere und fragen uns, wo – und in welcher Gestalt – der Austausch von Zuwendung hier nahe gelegen hätte und den Prozess vielleicht in eine ganz andere Richtung hätte lenken können:

Frau Maiers Enttäuschung – und folgenreiche Zurückhaltung – zu Beginn der Mahlzeit haben wir schon besprochen.

Als Frau Maier empört einklagt: „Du hättest mich ja vielleicht auch mal fragen können ...“, wäre für Herrn Maier ein Moment des Einlenkens gewesen. Allerdings macht Frau Maier es ihm auch schwer. Anstatt von **ihren** Gefühlen zu sprechen, äußert sie eine vorwurfsvolle „Du-Botschaft“.

Trotzdem hätte Herr Maier einräumen können: „Das stimmt, und ich habe dir auch noch gar nicht gesagt, wie fein du eingekauft und auch den Tisch gedeckt hast. Dank dir!"

Nun könnte Frau Maier, erzürnt und durch die „Verbotsökonomie" (Nimm keine Zuwendung an) verdorben, dieses Lob zurückweisen. Dann ginge das Gezerre weiter. Sie könnte aber auch den warmen Strom spüren, der sie durchzieht, und dann ihrem Mann wieder ganz anders zuhören!

Danielas – unbeholfener – Versuch, durch Ablenkung die Situation zu entkrampfen, hätte zumindest inhaltlich mit einem Lob für ihre Umsicht bedacht werden können: Stattdessen frustriert Frau Maier ihre Tochter nicht nur in deren Schlichtungsbemühungen und sachlichem Anliegen, sie zieht sie auf unfaire Weise in den Clinch mit ihrem Mann hinein.

Daniela sieht sich so nicht nur mit ihrem eigenen Anliegen untergehen, sondern hat vermutlich auch den Eindruck, strategisch missbraucht worden zu sein. Das kann der Beginn eines Rückzug aus der Familie sein.

Auch Wolfgang hätte für seinen konstruktiven Vorschlag Zuwendung verdient. Immerhin wäre Minigolf ein echtes Familienunternehmen. Stattdessen lebt Herr Maier gegenüber seinem Sohn jetzt ungebremst das Machtspiel aus, in das er sich während des Gerangels mit seiner Frau geflüchtet hat. An jeder dieser Gelenkstellen hätte das Gespräch mit wenig Aufwand in eine andere, befriedigendere Richtung gelenkt werden können. Stattdessen lädt sich der Konflikt immer mehr auf. Bis nicht nur keine Zuwendung (mehr) gegeben, sondern voll Zorn, Verbitterung und böser Ironie die – offenbar wohlvertrauten – Kampfthemen Schlag für Schlag aus dem dicken Sack der wechselseitigen Vorwürfe gezerrt und triumphierend auf den Tisch geschleudert werden.

In diesem Stadium könnte nur noch ein beherztes Innehalten und Zurücktreten die Situation retten. Einen Schritt zurückzutreten könnte für Familie Maier an diesem Abend bedeuten:

Jeder kann ohne Scheu sagen, was er bzw. sie gern machen möchte an diesem Wochenende – ohne dass diese Vorschläge bewertet werden. Darüber wird, gleichberechtigt und unter dem Schutz des „kooperativen Vertrags“, gesprochen. Mit allem, was dazu gehört. Wobei die Maiers zusammen mit ihren Kindern einen Wochenendplan beschließen und später zu zweit über die Punkte sprechen, die sie der Kinder wegen bei Tisch ausgeblendet haben.

Im Gespräch zu viert wird mit Sicherheit der missachtete Abendbrottisch Erwähnung finden, vielleicht beruflicher Ärger von Herrn Maier oder Danielas Furcht, nicht das richtige Geschenk zu finden für die neue (umworbene) Kameradin.

Es mag später, zu zweit, aber plötzlich auch um die rituellen Sonntagsausflüge in Herrn Maiers Herkunftsfamilie gehen oder darum, dass Frau Maier als Nesthäkchen immer ihren Willen erfüllt bekam. Die beiden werden womöglich über Zorn und Enttäuschungen, verschwiegene Sehnsüchte und Wünsche, verborgene Hoffnungen und Selbstbilder sprechen. Sie werden sich vermutlich auch noch einmal genau darüber austauschen, was Fußball oder Gartenidylle, essen oder lesen für sie jeweils bedeuten. Denn jenseits (beispielsweise) geschlechtsspezifischer Klischees gibt es immer individuelle Geschichten, die noch die befremdlichsten Vorlieben plausibel oder sogar nachvollziehbar machen können.

Bei den Maiers wird sich ein ausführliches Gespräch über ihr Verhältnis zu Büchern und Bildung entwickeln. Darin wird sich zeigen, dass Frau Maiers Bezug zu Kulturgegenständen gar nicht so ungetrübt positiv ist, wie sie selbst gern glauben will – und Herr Maier wird sich plötzlich mit einer Rivalität gegenüber seinem Schwager konfrontiert finden, die er bislang auch vor sich selbst sorgsam verborgen hat.

Wichtig ist dabei allerdings, dass die Geschichten, die sich Maiers möglicherweise erzählen, nicht einem manipulativen

Interesse dienen! Eine (erklärende) Geschichte mit dem Unterton „Du musst doch verstehen, dass ich so gehandelt habe – bei solchen Erlebnissen!!“ dient weder dazu, Gefühle offen zu legen noch werden die beiden lernen, klarer miteinander umzugehen. – Wichtig ist auch, dass Geschichten nicht an die Stelle eines Austauschs der Gefühle treten dürfen – dafür sind sie zu vieldeutig. Die Geschichten, die sich Menschen in solchen Zusammenhängen erzählen, dienen oft dazu, die Entstehung bestimmter Gefühle anschaulicher zu machen (nicht: zu legitimieren!).

Als solche können sie ein (zusätzlicher!) Bestandteil des Prozesses sein, der den zweiten Schritt im Erwerb emotionaler Kompetenz ausmacht: die Erkundung der emotionalen Landkarte. Das meint: eine sorgfältige und ehrliche Konfrontation mit den eigenen Gefühlen wie auch mit denen meines Gegenübers. Sich darauf einzulassen ist ein abenteuerliches und riskantes Unternehmen. Die Maiers werden einander – und jeder sich selbst – neu kennen lernen. Sie werden verblüfft, erschrocken und beschwingt ungeahnte Gefühle bei sich und dem anderen entdecken und zwischendurch immer wieder auf schwankenden Boden geraten. Sie werden manchmal einfach neugierig, mitunter erschöpft, dann wieder euphorisch sein angesichts des Neulands, das sie entdecken. Nicht umsonst steht das Wort „krisis“ im Griechischen für den Höhe-, aber auch Wendepunkt in einer angespannten oder gefährlichen Situation.

2. Die emotionale Landkarte erkunden

Die zweite Stufe der Erarbeitung emotionaler Kompetenz wird für viele die aufregendste sein. Es geht darin um unsere aktuellen Gefühle und Handlungen, aber auch um unser Selbstbild und die Geschichten, die wir uns dazu erzählen. Wir stecken voll mit solchen Geschichten. Unbewusste innere Bilder, verborgene

Einflüsterungen, machtvolle Verbote und Vorbilder bestimmen unser Handeln – und unsere Gefühle! – oft mehr, als uns lieb ist. Sich sorgfältig, ehrlich und vorurteilsfrei die Erlebnisse und Bilder anzuschauen, mit denen man – irgendwann ganz früher mal oder vor drei Wochen – in eine Beziehung eingetreten ist, kann sehr erhellend und ein effektiver Weg sein, sich (neu) kennen zu lernen.

„Das sprengt doch", werden Sie jetzt vielleicht denken, „den Alltags- und Arbeitsrahmen eines jeden vernünftigen Erwachsenen." Das mag es zwischendurch auch einmal tun, auf jeden Fall aber ist es ein Weg, die Zeit lebendig zu füllen, die sonst mit Ritualen oder unproduktiven Streitigkeiten vergeht. Vergessen wir nicht, dass in einer glückenden und glücklichen Beziehung gerade das Abenteuer und die **gemeinsame** Erweiterung des Horizonts eine wesentliche Quelle der Zufriedenheit sind.

Spannend – und in seinem Verlauf unvorhersehbar – ist die Erkundung der emotionalen Landkarte nicht zuletzt, weil diese Landkarte nicht fixiert ist in einem Menschen, sondern dynamisch. Noch während wir uns mit unseren Gefühlen – als ihren Koordinaten – beschäftigen, verschieben sich diese: Ein Misstrauen löst sich auf und macht Platz für Nähe. Hoffnung erlischt und dieser Verlust bewirkt Trauer. Ein lang gehegter Zorn erweist sich als Folge eines Missverständnisses – an seine Stelle tritt unerwartete Sympathie zweier Menschen zueinander.

All dies geschieht im Gespräch, im Austausch darüber, welche Gefühle und Vorstellungen wir wechselseitig ineinander auslösen. Durch unsere Handlungen und Worte – oder auch durch den Verzicht auf Handlungen und Worte. Emotional kompetent(er) zu werden heißt, die Ursachen und Intensitäten dieser Gefühle – in uns und in der anderen – auszuloten. Ziel ist, so Steiner, zu lernen

– den Zusammenhang zwischen den Gefühlen und den Handlungen ein und derselben Person sowie

- den Zusammenhang zwischen den Handlungen einer Person und den Gefühlen ihres „Gegenübers“ zu erkennen. Und
- zu lernen, über Gefühle zu sprechen, ohne dass dabei Urteile, Anschuldigungen oder Vermutungen im Spiel sind.

Das ist schwerer, als man denkt. – Gehen wir noch einmal zurück zum Abendbrottisch der Familie Maier. Frau Maiers Bemühungen beim Tischdecken haben uns schon mehrfach beschäftigt, ohne dass wir genau wissen, welcher Intention dieser Einsatz entsprang. Nehmen wir an, sie freute sich auf das Wochenende und gab einfach dieser Freude Ausdruck.

Es mag aber auch sein, dass sie darin eine Möglichkeit sah, ihre Ambitionen als Hausfrau einmal wieder auszuleben; vielleicht schon mit dem resignierten Begleitgedanken: Wahrscheinlich merkt eh wieder keiner, was ich hier investiere. So macht sie sich zum Opfer und initiiert ein manipulatives Spiel.

Oder Frau Maier fürchtete schon den nahenden Konflikt Fußballspiel/Blumenfest und wollte sich durch ihr Engagement eine gute Position verschaffen, um ihre Interessen besser durchsetzen zu können. Auch diese Haltung wäre Ausdruck einer (unbewussten) manipulativen Intention.

Die Freude, die wir bei Frau Maier anfangs vermutet haben, ist auf jeden Fall vermischt mit eigennützigen Motiven – auf die der Unmut von Herrn Maier verweist, der die Manipulation sehr wohl spürt. Täuschen wir Gefühle vor, wo tatsächlich eigennützige Interessen herrschen, kann das zu erheblichen Verwirrungen führen. Zum Beispiel so:

Sie haben sich mit einer Bekannten zum gemeinsamen Restaurantbesuch verabredet. Am Nachmittag des vereinbarten Tages merken Sie, dass Sie keine Lust zum Ausgehen haben, sondern sich lieber die Schnulze mit Richard Gere im Fernsehen anschauen würden. Eine Absage mit dieser Begründung aber wäre (zumal im Zeitalter der Videotechnik) kränkend. Also erfinden Sie aus Höflichkeit und Bequemlichkeit eine Traurigkeit (wegen der Unachtsamkeit ihres Mannes, dem Schulversagen Ihrer Tochter oder dem Meerschweinchen, das vorgestern starb. Irgendetwas fällt Ihnen schon ein). Ist die Bekannte einfühlsam, wird sie nicht nur Ihre Absage entgegennehmen, sondern auch versuchen, mit Ihnen über Ihre vermeintliche Traurigkeit zu sprechen. Das Gespräch wird vermutlich irritierend. Und Sie haben Ihre Bekannte nicht nur versetzt, sondern darüber hinaus auch die Möglichkeit zum Kontakt blockiert. – Eine solche unehrliche Absage wird Ihre Verbindung vermutlich (unterschwellig) noch eine ganze Weile mitbestimmen.

Solange wir nicht gelernt haben, unsere Interessen und Impulse offen zu äußern und – im gleichberechtigten Austausch – durchzusetzen, wird es uns oft passieren, dass wir Gefühle vermuten bzw. vorgeben, wo wir uns doch im Bereich von (Handlungs-)Motiven bewegen. Am kompliziertesten – und häufigsten – geschieht dies da, wenn es um Zuneigung in Liebesbeziehungen geht. Wir suchen Liebe und wollen im Grunde vor allem

- ernst genommen
- als Prinzessin verwöhnt
- genährt
- als Schönheit ausgeführt
- begehrt oder
- als Kind gehalten

werden. Wer weiß das schon immer so genau. Es ist eins der großen Geheimnisse, dass Menschen durch Liebe –Lieben und geliebt werden – Befriedigung ganz verschiedener Bedürfnisse erhoffen. Oft bleiben die genauen Inhalte des Liebesbedürfnisses – und diesbezügliche Divergenzen innerhalb einer Partnerschaft – lebenslang verborgen. Das muss nicht, kann aber ein Problem werden. Spätestens dann ist es sinnvoll, diesen Teil der eigenen Gefühlswelt genauer zu betrachten und auch dem Partner offen zu legen.

Oft wissen wir freilich selbst gar nicht, was genau uns zu einer bestimmten Handlung bewegt hat – oder aber es ist eine komplexe Mischung, die ihr zugrunde liegt. Es kann sein, dass Frau Maier wirklich meint, den Tisch allein aus einer beschwingten Freude heraus so schön gestaltet zu haben. Erst durch die Reaktion ihres Mannes wird ihr unter Umständen deutlich, dass sie tatsächlich eher von eigenen Motiven getrieben gehandelt hat. Ist Frau Maier an einem (ehrlichen) Kontakt mit ihrem Mann interessiert, wird sie sich die Doppelbödigkeit ihres Handelns eingestehen. An diesem Punkt müsste das Ehepaar Maier dann herauszufinden versuchen, warum Frau Maier diese indirekte Strategie wählt. Vielleicht führt diese Frage sie zu einer frühen Rivalität Frau Maiers mit ihren Geschwistern, vielleicht zu Ungerechtigkeiten ihrer Klassenlehrerin – auf jeden Fall wird Frau Maier Geschichten erzählen, um ihr Vorgehen und die Gründe für dieses Vorgehen zu verstehen.

Doch bevor wir uns Frau Maiers Geschichte zuwenden, müssen wir noch einer weiteren Kommunikationsfalle nachgehen, nämlich der Verwechslung von Handlung und Handlungsmotiv. Wir neigen dazu, den Handlungen anderer Menschen – ausgehend von der emotionalen Reaktion, die diese Handlungen in uns auslösen – ein Motiv zu unterstellen.

Gerade im Bereich solcher „Handlung/Gefühl-Stellungnahmen“, wie Claude Steiner sie nennt, arbeiten wir alle unentwegt mit Unterstellungen.

- Wir verwechseln Gefühle mit Überlegungen („als du das Fest so plötzlich verlassen hast, hatte ich den Eindruck, du hättest kein Interesse mehr an mir“ – vielleicht war ihm oder ihr aber auch einfach übel);
- interpretieren Handlungen vor dem Hintergrund unserer Reaktion („als du mich am Telefon so *brutal* hast abblitzen lassen“ – vielleicht kam gerade unerwartet jemand in den Raum, der das Gespräch nicht hören sollte);

- oder vermuteter Motive beim anderen („weil du mich bewusst zu einer für mich ungünstigen Zeit angerufen hast, fühle ich mich zurückgewiesen" – vielleicht konnte der andere schlicht nicht zu einem anderen Zeitpunkt telefonieren).

Oder nehmen wir an, Dagmar und Thomas hätten sich morgens im Streit getrennt und Dagmar empfinge Thomas abends mit einem empörten: „Das war ja mal wieder typisch: Du musstest heute morgen dringend weg, als es bei uns schwierig wurde."

Einen geliebten Menschen allein lassen, dazu noch aus Feigheit, wie Dagmar es andeutet, das ist nicht fair, die Schuldzuschreibung dürfte sitzen. Aber vielleicht ist Thomas nur davongehastet, weil zehn Minuten später eine Besprechung begann, von der Dagmar nichts wusste, die zu versäumen ihn aber beruflich erhebliches Ansehen gekostet hätte. – Auf Dagmar wirkte sein Aufbruch vielleicht feige (weil er die Auseinandersetzung beendete), von Thomas aus muss er dies aber keineswegs gewesen sein!

Dagmar hat jedoch nicht die Geduld gehabt, Thomas mit ihren Gefühlen (Ärger, Enttäuschung oder Angst) zu konfrontieren, damit er sich damit auseinander setzen kann. Stattdessen unterstellt sie ihm bestimmte Motive („weil es schwierig wurde") und Ziele („nichts wie weg"). Konstruktiv gestaltet im Sinne emotionaler Kompetenz hätte Dagmar die Situation mit der Äußerung: „Ich war heute morgen ziemlich wütend, als du … Ich hatte den Eindruck, du weichst mir aus und täuscht mich auch. Das macht mir Angst." So hätte Thomas Dagmars Vermutungen überprüfen können und sich auch fragen, was die Gefühle seiner Frau für ihn bedeuten.

Allerdings ist es schwer, in solch aufgewühlten, emotionalisierten Situationen genug Sorgfalt walten zu lassen, um ungerechtfertigte Urteile, fehllaufende Interpretationen und Unterstellungen herauszufiltern und gemeinsam auf ihre Substanz hin zu beleuchten. Aber vielleicht ist die Neugier, der es dazu bedarf, ja ein Heilmittel, das – einerseits Ausdruck der Liebe zwischen Menschen – diese zugleich wach hält. Und weil wir **alle** immer wieder mit Interpretationen reagieren, ist es auf jeden Fall unproduktiv, einander Vorwürfe zu machen. Es geht nicht um Bewertung oder gar Verurteilung, sondern um sorgfältige Ermittlung dessen, was unsere Handlungen für Gefühle auslösen. Um ihnen auf die Spur zu kommen, ist ruhige Sachlichkeit gefragt. Nehmen wir uns Zeit, unseren eigenen Uneindeutigkeiten und denen des anderen nachzugehen. Der Lohn für diese Mühe ist eine präzisere – und besser zu steuernde – Wahrnehmung unserer Gefühle und Handlungen sowie deren Wirkung auf andere.

Damit wir uns solcherart auf die Schliche kommen, ist es notwendig, unsere Aufmerksamkeit nicht nur auf die Handlung-Gefühl-Stellungnahmen, sondern auch auf die Fantasien, intuitiven Bilder, Vorstellungen und Gefühlsregungen zu richten, die wir wechselseitig im anderen wachrufen. Im Rahmen des „kooperativen Vertrags“ – d.h. nach vorherigem Einholen einer Erlaubnis – überprüfen wir unsere Vorstellungen und intuitiven Wahrnehmungen, indem wir sie dem anderen mitteilen. Solche Fantasien dürfen nicht nur, sie **sollten**, wenn unser Gegenüber einwilligt, unbedingt geäußert werden. Weil ihnen, wie Steiner postuliert und der Praxis erweist, **in aller Regel ein Körnchen Wahrheit** innewohnt!

Gehen wir dazu noch einmal zu den Maiers. Die haben sich dieses Mal nicht gleich verheddert, sondern üben sich in Geduld und Genauigkeit. Dann könnte Herr Maier auf den wütenden Hinweis seiner Frau, er könne ja schließlich auch mal nach ihren Wünschen für das Wochenende fragen, antworten:

Du hast alles so schön hergerichtet, ich bin aber eigentlich kaputt und würde mich am liebsten ganz schnöde erst mal mit einem Bier vor den Fernseher knallen. Daher fühle ich mich die ganze Zeit schon unwohl. Offen gestanden habe ich den Eindruck, dass du mit deiner Sorgfalt etwas ganz Bestimmtes bezweckst. Magst du hören, was ich dahinter vermute?

Frau Maier schaut nicht begeistert, aber sie nickt.

Ich denke dann, dass du dir in solchen Situationen auch deshalb so viel Mühe gibst, weil du uns dadurch zur Zusammengehörigkeit und Harmonie zwingen willst. Dann fühle ich mich einerseits schuldig (weil ich deine Bemühungen nicht würdige) und bin zugleich sauer (weil eingesperrt).

Das ist starker Tobak. Nun wird Frau Maier aus ihrem schönen Tisch noch ein Strick gedreht!

Wenn Frau Maier in Schuld- und Verteidigungskategorien denkt, wird sie in dieser Richtung antworten und der Ball – die Chance für eine ehrliche, vorbehaltlose Kommunikation – ist verspielt.

Wenn Frau Maier aber von unserem „Körnchen Wahrheit" ausgeht, wird sie entdecken, dass sie tatsächlich auch für sich etwas erreichen wollte mit ihrem Einsatz. Es wird ihr vielleicht nicht leicht fallen, das zuzugeben. Oft sind die (Verteilungs-) Kämpfe in Ehen und Familien so festgefahren, dass jeder fürchtet, ausgebootet zu werden, sobald er eine Schwäche zeigt oder eine bewährte Strategie aufgibt. Aber wenn es einem Menschen gelingt, den Wahrheitsgehalt der Fantasie eines Gegenübers anzuerkennen – auch wenn diese Wahrheit nicht schmeichelhaft für ihn ist – dann öffnet diese Bereitschaft zur Wahrhaftigkeit Raum für Berührung, für Nähe.

Das ist ein bewegender Moment und vielleicht werden die Maiers an diesem Abend einfach innehalten. Oft löst diese ungewohnte Intimität eine Woge von Zuwendung aus, ein beglückendes Fließen, das nicht mehr weiter besprochen oder analysiert sein will.

Irgendwann später werden sich die Maiers dann aber doch fragen, warum Frau Maier immer wieder versucht, ihre Interessen auf indirekte Art durchzusetzen. Nicht um ihr einen Vorwurf daraus zu machen, sondern um die unguten Verknüpfungen aufzulösen.

- Hat sie Angst vor dem Widerspruch ihres Mannes oder ihrer Kinder?
- Hat sie die Vorstellung, ihrem hart arbeitenden Mann gegenüber in puncto Freizeitgestaltung weniger Gewicht zu haben?
- Hat sie sich auf der Gartenschau schon fest mit der Familie ihrer Freundin verabredet und will deshalb auf keinen Fall riskieren, dass dieser Ausflug nicht zustande kommt?
- Hat sie von ihrer Mutter vermittelt bekommen, dass man die Männer so am besten „rumkriegt"?

Darüber wäre zu reden. Oft zeigt sich in solchen Situationen eine Kombination verschiedener Motive. Sie aufzudröseln verlangt möglicherweise ein längeres Gespräch, bei dem neben den aktuellen Gefühlen auch zurückliegende Erfahrungen, alte Kränkungen und lang gepflegte Familiengeschichten zum Vorschein kommen können. In manchen Fällen mag sich eine Divergenz zwischen Selbstwahrnehmung und dem faktischen Auftreten offenbaren. Bei Frau Maier beispielsweise ist ihre Position und Durchsetzungsenergie innerhalb der Familie sehr viel größer, als sie selbst es in ihrem Opferselbstbild wahrnimmt. Und Herr Maier, der nach außen hin schon mal poltert, unterwirft sich den Wünschen seiner Frau öfter, als sein barscher Ton vermuten lässt.

Außerdem gibt es bei den Maiers nicht nur Unklarheiten in der Verteilung der Rollen, sie stecken auch inhaltlich in einer mit (Vor)Urteilen und Missverständnissen gepflasterten Einbahnstraße:

Dazu gibt es einen Punkt in ihrem Schlagabtausch, bei dem ganz offensichtlich „alte Geschichten" hochkochen. Da ist der Verdacht von Herrn Maier, seine Frau wolle ihm einmal mehr das Familienleben ihrer Schwester – und dabei insbesondere den idealen Schwager – vorhalten. Dazu ihren korrespondierenden Vorwurf gegen ihn, seiner Ignoranz gegenüber Büchern und Bildung wegen.

Seit das Ehepaar Maier in der Eheberatung war und der Therapeut dort ihnen vorgeschlagen hat, einander künftig in schwierigen Situationen unter dem Schutz des sogenannten kooperativen Vertrags zu begegnen, landen sie immer häufiger bei dieser Art Kontakt. Auch heute hat das unerquickliche Abendbrot sie nicht auseinander getrieben. Sie haben sich vielmehr zurückgezogen, überprüfen, ob sie beide aktuell tatsächlich zu einem offenen Gespräch – im Sinne des kooperativen Vertrags" – bereit sind und versinken dann eine Weile in stilles Grübeln.

Schließlich setzt Herr Maier noch einmal an: „Ich war vorhin wütend und habe das einfach so ausgespuckt, aber ich habe tatsächlich den Eindruck, dass du mir mit den dauernden Lobgesängen auf deine Schwester und deren Familie indirekt eigentlich immer sagst: Du taugst nichts".

Frau Maier denkt einen Moment nach, ob sie in der Vermutung ihres Mannes ein „Körnchen Wahrheit" findet.

Zögernd räumt sie ein: „Eigentlich weiß ich, dass ich dir keinen Vorwurf machen dürfte. Du arbeitest während der Woche einfach zu lange, um dann noch groß etwas mit uns oder mir zu unternehmen. Aber ich beneide meine Schwester trotzdem, weil sie so oft mit Walter ins Theater geht. Du weißt, wie ich Theaterbesuche liebe."

Herr Maier denkt nach. Eigentlich mag er seinen Schwager ganz gern. Aber leider rührt dieser Walter zugleich an einen wunden Punkt bei ihm selbst: Als Musik- und Deutschlehrer kennt der sich in genau den Gebieten aus, die ihm, Georg Maier, verschlossen sind. Und das, obwohl er eigentlich aus einer ausgesprochen „schöngeistigen" Familie kommt. „Schöngeistig", das Wort löst in Herrn Maier ein bitteres Grinsen aus.

Alle waren gebildet und sensibel, kreativ und musisch in seiner Familie, überall trillerte eine Flöte, quietschte eine Geige, abends gab es Hausmusik oder man las sich im Winter Fontane vor. Selbst sein älterer Bruder beteiligte sich an diesen Bildungsritualen, seine beiden Schwestern sowieso – nur bei ihm war Fehlanzeige. Musisch eine Niete. Gelesen hat er von früh an, am liebsten Science Fiction, Abenteuergeschichten, später Krimis. Die galten als reine Zeitverschwendung daheim. Gerade deshalb las er sie! Im Laufe der Jahre zog er sich immer mehr zurück aus den Weihen von Geist und Inspiration. Erst war er gekränkt, weil seine Interessen – Sport, Zukunftsvisionen und eben Grusel und Spannung – so gar nichts galten unter den Seinen. Später wurde er zornig, dann zynisch. In der Schule war er gut, aber eben kein „geistiger Mensch", eher pragmatisch. Nachdem er noch eine Weile seine Eltern provoziert hatte, zog er früh aus, studierte Jura und verließ seine Heimatstadt.

Als Rechtsanwalt ist er gut, das weiß Herr Maier. Aber der berufliche Erfolg hat ihn nie so ganz darüber hinweggebracht, dass er mit der ihm eigenen Begabung nichts galt in seiner Familie. Und obwohl er inzwischen ganz gern auch mal einen Roman liest oder in ein schönes Konzert geht, sind Bücher und Musik für ihn letztlich bis heute ambivalent besetzt. Einerseits auch für ihn Ausdruck geistiger und schöpferischer Potenz, sind sie andererseits mit der Erfahrung des Ausgeschlossenseins verbunden, d.h. feindlich.

Als Herr Maier seine Frau kennen lernte, lagen die Kämpfe um Anerkennung und Zugehörigkeit schon hinter ihm. Er mochte nicht davon erzählen. Da seine Familie weit entfernt lebt und er einen nur oberflächlichen Kontakt zu Eltern und Geschwistern hat, gab es auch keinen Anlass, die alten Wunden später während ihrer Ehe anzusprechen. Und da seine Frau selbst auch ein praktischer Mensch ist, geriet er selten in Situationen, in denen die alten Wunden aufbrachen. Bis die jüngere Schwester seiner Frau diesen verflixten Walter heiratete. Der steht tatsächlich für alles, worunter er selbst als Kind und Jugendlicher gelitten hat. Charmant, patent, und gut aussehend ist er auch noch.

Gerade das macht es Herrn Maier schwer, mit seinem Schwager umzugehen. Wenn er wenigstens trottelig, autoritär oder unfreundlich wäre. So aber genieren Herrn Maier seine offenkundig ungerechten Gefühle gegenüber dem freundlichen Schwager. Und weil sie ihm peinlich sind, kann er auch mit seiner Frau nicht darüber reden.

Doch je mehr er sie vor sich und den anderen zu verleugnen versucht, desto hartnäckiger verfolgen sie ihn. Jetzt schon bis hinein in die Planung seiner eigenen Familienausflüge. Dabei geht es doch hier gar nicht um diesen Schwager, sondern um ihre familiäre Schwierigkeit, die divergenten Interessen unter einen Hut zu bringen!

Normalerweise wäre Herr Maier dem unangenehmen Gefühlswirrwarr in sich ausgewichen. Aber das geht nun nicht mehr. Der kooperative Vertrag bindet ihn – und gibt ihm zugleich Schutz.

Also beginnt er, seiner Frau etwas über die sonntäglichen Hauskonzerte früher zu erzählen. Darüber, dass seine Mutter ihm zeitweise sogar die Krimis vom Nachttisch geholt und irgendwelche „guten Autoren" hingelegt hat. Wie er tagelang Rock-Musik gehört hat, während seine Geschwister Geige und Oboe übten. Und darüber, wie es ihn – aller zur Schau getragenen Schnoddrigkeit zum Trotz – lange geschmerzt hat, so ausgeschlossen zu sein. Einfach weil er anders war. Und wenn er diese Andersartigkeit dann irgendwann sogar bewusst betont hat, war das doch nur ein hilfloser Versuch, seine tatsächliche Trauer zu verbergen. Die Eltern haben das damals nicht kapiert, hielten ihn für störrisch und desinteressiert.

Nachdem Herr Maier einmal die Schutzschicht über diesem belasteten Stück Vergangenheit durchbrochen hat, fallen ihm immer neue Situationen ein, in denen der verdammte Bildungskram ihm den Zugang zu seiner Familie verstellt hat. „Weißt du“, erklärt er schließlich seiner Frau „Wenn du mir sagst, ‚lass uns doch ins Theater gehen‘, dann kommentiert eine Stimme in mir diesen Vorschlag sofort mit dem Zusatz: „Brauchst gar nicht erst zuzusagen. Verlorene Zeit. Du verstehst ja eh wieder nicht, worum es bei Shakespeare geht.“ Und wenn du jetzt die Familie deiner Schwester so lobst, höre ich im Grunde immer nur eins: „Wo die Bücher und Musen regieren, da ist das gute, lebendige Leben. Was du, Georg, hingegen zu bieten hast, ist allenfalls eine gute materielle Versorgung. Wirklich glücklich machst du uns nicht.“

Frau Maier schweigt nachdenklich. Wie oft hat sie sich geärgert, dass ihr Mann sich immer nur mühsam aufgemacht hat, wenn es um kulturelle Veranstaltungen ging, selbst vorgeschlagen hat er nie etwas. Sie hat das immer für Bequemlichkeit oder Ignoranz gehalten. Dass sich dahinter so viel Leid verbirgt, hätte sie nie vermutet.

Und während sie ihrem Mann zugehört hat, wurde ihr deutlich, dass sie selbst letztlich auch keine ganz einfache Geschichte hat, was Kultur und Bildung angeht. Dass ihr Ärger über seine Abstinenz zu einem gewissen Teil einem eigenen Defizit entspringt. Während sie noch darüber nachsinnt, fügt ihr Mann noch einen Satz an, der ihm sichtlich schwer fällt:

„Manchmal, das gebe ich jetzt einfach mal zu, hatte ich schon den Verdacht, dass dieser wunderbare Walter dir inzwischen vielleicht viel lieber wäre als Mann.“

Frau Maier stutzt. Auf die Idee ist sie tatsächlich noch nie gekommen. Sie findet ihren Schwager als Gesprächspartner sehr angenehm, aber das ist es auch. „Den Walter, attraktiv, ne, überhaupt nicht“, antwortet sie denn auch spontan, und nach leichtem Zögern fügt sie hinzu: „Sag mal, hast du deshalb alle Anläufe zu einem Theaterbesuch zu viert bis jetzt boykottiert!?“ „Ja, ein Stück weit schon.“

Frau Maier hält inne. Einerseits ist sie gerührt über die Ehrlichkeit ihres Mannes, zugleich ist sie auch ärgerlich, weil er sie so lange blockiert hat.

Ihrem Mann ist während dieser Gesprächspause nicht wohl. Andererseits fühlt er sich erleichtert, endlich mal mit diesen quälenden Geschichten und Gedanken herausgerückt zu sein. Und da antwortet sein Frau gottlob auch schon:

„Mit deiner Eifersucht liegst du wirklich falsch. Und nun will ich dir etwas erzählen, was mir erst wieder so richtig bewusst geworden ist, als du vorhin von dir zu Hause erzählt hast."

Frau Maier erzählt nun ihre Bildungsgeschichte. Dass sie bei Pflegeeltern aufgewachsen ist, weiß ihr Mann natürlich. Das waren einfache, liebe Leute. Sonntags wurde sie dann mit ihrer Mutter zusammengebracht, man traf sich bei den Großeltern, und dass diese Begegnungen für seine Frau als Kind hoch belastet waren, weiß er auch. Aber welche Rolle darin die Bücher- und Geisteswelt gespielt hat, das hört er so zum ersten Mal. Wie herablassend die Mutter seiner Frau über die Pflegemutter gesprochen habe, weil die so schlicht und unkultiviert sei. Wie seine Frau dadurch schon ganz früh in einen Loyalitätskonflikt geriet, der sie quälte. Wie die Mutter immerfort von den neuesten Veröffentlichungen und Premieren geschwärmt habe und ihre Tochter also versuchte, ein Stück Aufmerksamkeit oder gar Liebe zu erlangen, indem sie auch Thomas Mann las und Vivaldi hörte. Bildungsthemen seien die einzigen gewesen, über die sie ganz gelegentlich mit ihrer Mutter habe sprechen können. Und die Familie ihres Onkels, die sie manchmal mitnahm in die Ferien, habe sich intensiv für barocke Baustile und die stilistischen Finessen Balzacs interessiert, aber nie, nicht ein einziges Mal gefragt, was sie beschäftigte, wie sie sich fühlte. Um mitreden zu können, habe sie sich manche Bildungsthemen erschlossen, das sei aber weniger lustvoll als unter Anpassungsdruck geschehen. Zwar habe sie darüber dann wirklich die Literatur für sich entdeckt, gleichzeitig sei diese Bücherwelt für sie auch mit viel Einsamkeit verknüpft gewesen. Denn selbst wenn sie über die dicken Wälzer irgendwann mitreden konnte – was mit ihr selbst los war, was sie umtrieb, dafür hat sich keiner aus ihrer Familie interessiert. Und wenn sie heute ins Theater wolle oder auf einer Party über den neuen Philipp Roth diskutiere, habe sie oft ganz zwiespältige Gefühle: Triumph, weil sie mitreden könne, und Stress, weil sie das Gefühl habe, auch hier – in dieser Gruppe – nur dann etwas zu gelten, wenn sie sich eloquent und informiert zeigt.

Verdutzt konstatiert das Ehepaar Maier, dass seine Erfahrungen mit dem hochgelobten Bildungsgut so unterschiedlich gar nicht sind. Sie haben nur ziemlich gegensätzlich reagiert auf den Druck, der sich für sie damit verband. Gerade weil Frau Maier aber so um Anpassung bemüht war und ist, konnte sie die Ignoranz ihres Mannes – denn als solche hat sie seine Zurückhaltung interpretiert – nur schwer aushalten, fühlte sich unbewusst dadurch provoziert, entwertet in ihren eigenen Bemühungen. Herr Maier wiederum hat seine Identität gezielt darauf gegründet, dem Anpassungsdruck nicht nachzugeben, sondern seine Eigenart zu behaupten. Hinter der Vehemenz, mit der er dies vor allem als Jugendlicher vertrat, verbarg sich freilich ein tiefer Schmerz, den er auf diesem Wege betäuben wollte. Unfrei wie er durch diese Verleugnung war, konnte er den Teil seiner Frau, mit dem diese Kulturgüter, vor allem die Literatur, genoss, gar nicht offen wahrnehmen. Doch während er seiner Frau den gemeinsamen Theaterbesuch verweigerte, meinte er eigentlich eine alte Kränkung.

Plötzlich ist Frau Maier ganz aufgeregt. Sie hat etwas begriffen. Nämlich, dass sie beide einander seit Jahren durch Verdrängung und Missverständnisse ganz unnötige Enttäuschungen zugefügt haben, die sich schon zu verhärten drohten. – Sie fühlt sich wohl mit ihrem Mann, wie lange nicht mehr. Schon allein dadurch, dass er sich darauf eingelassen hat, ihr so viel zu erzählen und so lange zuzuhören, fühlt sie sich ihm nah. Und auch durch das, was er ihr erzählt hat.

Maiers reden noch lange bis in die Nacht hinein. Sie erinnert sich an die ersten Wochen ihrer Begegnung und kann ihm jetzt erst so richtig sagen, wie erleichtert sie damals war, dass ihr Freund ihre Handfestigkeit uneingeschränkt anerkannte. Nie hätte sie damals daran gedacht, dass genau daraus eines Tages ein Problem werden könnte. – Herr Maier wiederum kann nun endlich ohne zynischen Schlenker erwähnen, wie stolz er manchmal ist, wenn seine Frau bei Betriebsausflügen so gewandt bei allen möglichen Themen mitreden kann. Und dass er lieber als ins Theater mal in eine Ausstellung ginge mit ihr. Später am Abend blättern die beiden beschwingt im Wochenkulturprogramm und Frau Maier träumt schon von einer gemeinsamen Reise in die Tempel florentinischer Kunst …

Bis dahin kann es allerdings noch eine Weile dauern. Die Maiers stehen ganz am Anfang. Aber sie haben eine wichtige Erfahrung miteinander gemacht. So wie Dagmar und Thomas werden sie sich (hoffentlich!) in der nächsten schwierigen Situation des heutigen Abends erinnern. Und aus der stärkenden Erfahrung heraus den Mut finden, sich erneut der mühsamen und beunruhigenden Erfahrung sorgfältiger Selbsterkundung und Auseinandersetzung mit ihrem Partner auszusetzen.

Und so, wie sie in ihrem jetzigen Gespräch über die Verletzungen gesprochen haben, die ihre Eltern ihnen zufügten, werden sie früher oder später auch an Punkte geraten, an denen sie selbst einander verletzt haben. Weil wir im Umgang mit Gefühlen quasi unweigerlich Fehler machen, d. h. den anderen verletzen, nicht wahrnehmen, manipulieren o. Ä. Keine emotionale Kompetenz kann uns davor bewahren. Emotionale Kompetenz meint ja nicht einen perfekten, sondern einen wachen und eigenverantwortlichen Umgang mit Gefühlen. Dazu gehört auch – und damit kommen wir zu dritten Stufe der Erarbeitung emotionaler Kompetenz – Eigenverantwortung.

3. Verantwortung übernehmen

Ein elementarer Schritt

Verantwortung übernehmen für die Fehler, die wir emotional machen. Die wir alle machen – und zwar besonders gegenüber Menschen, die uns nahe stehen.

Fehler meint dabei nicht abstrakt den Verstoß gegen ein Regelsystem, sei es kirchlich, philosophisch oder sozial geprägt, sondern die Verletzung eines anderen Menschen im konkreten Kontakt. Verantwortung zu übernehmen für die von uns begangenen Fehler ist die schwierigste Übung auf dem Weg hin zu mehr emotionaler Kompetenz. Weil uns dieser Schritt deutlich machen wird, wie oft am Tag wir durch kleine Ungeschicklichkeiten, eingefahrene Mechanismen, Unaufmerksamkeit, das Ausüben von Druck oder einer aus der Hektik geborenen Ungenauigkeit die Menschen verletzen, mit denen wir zu tun haben. Zum Beispiel so:

Eine Freundin kommt uns besuchen und wir rufen gleich in der Tür: „Oh, ich habe gestern zwei Frauen in der Stadt gesehen, die das gleiche Kleid an hatten." Auch wenn unsere Bemerkung nur ein spontaner Ausdruck des bloßen Wiedererkennens war, wird sie die Freundin zumindest irritiert, vermutlich sogar verletzt haben. Klingt schließlich wie: „Was hast du denn da an, das trägt doch gerade jede zweite Frau." – Eine unbedachte Äußerung, nicht mehr, und doch eine, die einen kleinen Stich hinterlässt, wenn das Missverständnis nicht aufgelöst wird.

Wenn Sie sich sorgen oder ärgern, dass ihr Sohn dauernd vor dem Computer sitzt, wird die Frage „wie oft, wie lang“ zu einer Art Dauerthema, das die unbefangene Stimmung zwischen ihnen trüben kann. Das drückt sich dann beispielsweise darin aus, dass Sie – von der Arbeit nach Hause kommend – sofort, vor jeder Begrüßung und mit leicht drohendem Unterton fragen: „Wie lange sitzt du denn schon wieder vor dem Teil!?“ Eine harmlose Äußerung, die Ihren Sohn gleichwohl zuerst einmal mit Misstrauen und Missbilligung konfrontiert. Einer ungezwungenen, freundlichen Begegnung nicht gerade förderlich.

Oder stellen wir uns vor, Herr Maier hätte sich nicht nur hungrig über die Brote hergemacht, sondern, ohne überhaupt die bereitstehenden Köstlichkeiten richtig wahrzunehmen, gefragt: „Gibt’s auch saure Gurken?“ Eigentlich eine unverfängliche, vermutlich auch unbedachte Frage – und doch steckt darin eine doppelte Verletzung seiner Frau. Durch die Missachtung des aufwändig gedeckten Tischs und durch die indirekte Aufforderung an seine Frau, die Gurken gegebenenfalls zu holen.

Ein Ehepaar hat eine gleichmäßige Verteilung der Hausarbeit organisiert, es ist Samstagabend, sie hat gekocht, der Abwasch ist seine Aufgabe. Wenn der Mann nun die Arbeit zwar macht, aber mit jedem Teller und Topf so laut klappert, dass sein Unmut unüberhörbar ist und seine Frau sich unmöglich schon mal im Wohnzimmer entspannen kann, übt er Druck aus. Auch eine solch wortlose Ausdrucksform kann verletzen, sie verstößt gegen die Abmachung und das Gebot der Fairness.

Ferienbeginn. Ich habe gerade bei den Nachbarn den Schlüssel hinterlegt, alles Notwendige besprochen, nun komme ich zurück und weiß: In einer Stunde fährt der Zug. Die Kinder haben in der Zwischenzeit ihre kleinen Koffer und Rucksäcke in den Flur getragen und das Essen für unterwegs gerichtet – ich aber sehe nur die vollen Mülleimer und herrsche sie an: „Wer denkt ihr wohl, soll den Müll ausleeren." Eine schlichte Ungerechtigkeit, nur zu verständlich, wenn die Zeit drängt und ich eigentlich vier Hände bräuchte. Zugleich zeigt dieses Beispiel vielleicht am unmittelbarsten, wie notwendig es ist, meinen Fehler in der nächsten ruhigen Situation anzusprechen und mich bei den Kindern zu entschuldigen. Woher sollten sie sonst die Freude nehmen, sich auch bei zukünftigen Aufbrüchen zu beteiligen!?

Das letzte Beispiel zeigt in seiner Alltäglichkeit, wie wichtig es auch für unseren Kontakt zu unseren Kindern ist, dass wir uns um emotionale Kompetenz bemühen. Und doch mögen sich in mancher Leserin und manchem Leser Zweifel gemeldet haben, ob sich denn das Konzept der emotionaler Kompetenz mit Kindern tatsächlich praktizieren lässt. Weil „die das doch (noch) nicht verstehen", vermutlich ausnutzen, den Respekt verlieren werden, und wie bitte soll man bei so viel Verständnis und Nähe noch Grenzen setzen!?

Ist emotional kompetentes Verhalten bei Kindern mithin fehl am Platz, eine Überforderung, pädagogisch vielleicht sogar bedenklich?

Exkurs: Emotionale Kompetenz und Kinder

Leider war es über viele Generationen Kindererziehung hinweg tatsächlich beinahe undenkbar, offen und quasi gleichberechtigt mit seinen Kindern umzugehen. Und obwohl neuere pädagogische und psychologische Forschungen belegen, dass ein durchdacht liebevoller und kooperativer Umgang mit Kindern für beide Seiten wohltuender ist als jeder autoritäre Erziehungsstil, ist in vielen Familien das Zusammenleben von Eltern und Kindern eher Kampf, Dauerkrise oder Katastrophe als ein entspanntes, produktives und herzliches Miteinander.

Viele von uns sind selbst noch überkommenen Vorstellungen entsprechend erzogen worden. Sei es auch, weil Eltern häufig genau das an ihre Kinder weitergeben, worunter sie selbst als Kinder gelitten haben. Schläge zum Beispiel. Manche Leser mögen denn auch gedacht haben: Die ganze Zuwendungsgeschichte ist ja gut und schön, aber gelegentlich eine Ohrfeige ist wirksamer als das ganze Gerede. Danach spurt das Kind auf jeden Fall wieder.

Mag sein, dass es wieder spurt. Aber jede dieser Demonstrationen ihrer Macht (und der dahinter liegenden emotionalen Ohnmacht) wird das Kind ein Stück weit von Ihnen entfernen.

Wir wissen oder ahnen doch zumindest, dass willkürliche Bestrafung, erst recht körperliche Züchtigung, niemals zu einer wirklichen Einsicht des Bestraften führen kann. Trotzdem geistert deren Berechtigung immer noch durch viele Köpfe.

Es ist wie bei der Todesstrafe – ein zugegeben drastischer Vergleich – der Mechanismus aber ist tatsächlich derselbe: Obwohl eindeutig erwiesen ist, dass die Todesstrafe nicht die abschreckende Wirkung hat, mit der ihr Vollzug begründet wird, halten ganze Regierungen hartnäckig daran fest.

Wenn sich alle Menschen, die schlagen, strafen oder eben die Todesstrafe fordern, jedes Mal eingestehen müssten, wie sehr sich in ihren Machtgebärden letztlich eine kümmerliche Hilflosigkeit offenbart, sie wären vermutlich entsetzt – und würden ihr Verhalten zu ändern versuchen.

Hier liegt denn auch ein entscheidender Unterschied zwischen einem Erziehungsstil, der Schläge als selbstverständliche Methode der Bestrafung ansieht, und einer Mutter oder einem Vater, dem bzw. der einmal die Hand ausrutscht.

Alle Eltern wissen, wie Kinder einen in Rage oder Verzweiflung bringen können, und sage niemand, er habe nicht schon gedacht: „Jetzt reicht's, jetzt lange ich ihm oder ihr eine!" Und manchmal ist es im gleichen Augenblick auch schon passiert. Dann bloß nicht in Selbstvorwürfe oder aber bequeme Rationalisierungen (nach dem Motto: „Das hat noch niemandem geschadet“) flüchten, dann hilft nur eins: Die Verantwortung übernehmen, sich entschuldigen! Schläge haben in einer vom Bemühen um emotionale Kompetenz geprägten Erziehung keinen Platz.

„Kinder verstehen das noch nicht“, argumentieren wir gern – wenn Bequemlichkeit oder das Gefühl der Überforderung uns davon abhalten, uns auf unsere Kinder einzulassen. Das war schon bei vielen der berühmten Kinderfragen so. Nicht die Kinder waren von den Antworten überfordert – wir fanden oft keine oder aber keinen angemessenen Weg, sie zu übermitteln. Ähnlich ist es mit der Behauptung, Kinder seien zu klein bzw. verstünden nicht, worum es geht bei den Regeln der emotionalen Kompetenz.

Wie sollten sie nicht verstehen, worum es beim Austausch von Zuwendung geht, wo doch anfangs buchstäblich ihr Über-Leben daran hängt!

Kinder sind im Gegenteil ausgesprochen feinfühlige und aufmerksame Spezialisten in puncto Zuwendung.

Sie spüren zum Beispiel sehr genau, ob eine materielle Zuwendung – zum Beispiel Kinogeld – primär gewährt wird, weil die Eltern ihnen das Vergnügen wünschen oder weil sie einen Nachmittag lang ihre Ruhe haben wollen. Natürlich nehmen Kinder auch das „Bestechungsgeld“ – aber es wird in ihnen ganz andere emotionale Reaktionen auslösen als das Geschenk. Kinder spüren sogar, ob eine Bestrafung aus dem kritischen oder dem fürsorglichen Elternteil kommt. Zum Beispiel so:

1. Georg kommt zum dritten Mal in dieser Woche deutlich später als vereinbart nach Hause. Seine Mutter ist ungehalten. „So geht das nicht. Ab morgen darfst du, wenn du zu spät kommst, eine ganze Woche lang nicht mehr Computer spielen“, empfängt sie ihren Sohn.

Am nächsten Tag kommt Georg wieder eine Dreiviertelstunde zu spät. Kleinlaut schleicht er sich an seiner Mutter vorbei, eine halbe Stunde später steht er in der Küche: „Darf ich Computer spielen?“ Seine Mutter kühl: „Nein, und das die ganze Woche nicht mehr“. Georg tobt, wütet, der Nachmittag ist gelaufen und das geht noch zwei Tage lang so. Dann ist der Spuk vorbei. Georg verschwindet sofort nach den Hausaufgaben in der Nachbarschaft. Als er ein paar Tage später wieder nicht pünktlich und auch bei Einbruch der Dunkelheit nicht zu Hause ist, geht seine Mutter ihn suchen – Georg sitzt mit Peter vor dem Computer. – Nun wird die Spirale vermutlich angezogen, zwischen Georg und seiner Mutter hat ein Machtkampf begonnen …

2. Georg kommt zum dritten Mal in dieser Woche deutlich später als vereinbart nach Hause. Seine Mutter ist ungehalten und in Sorge. „So geht das nicht“, empfängt sie ihren Sohn, „ab morgen bleibst du für jede Viertelstunde, die du zu spät nach Hause kommst, am nächsten Tag eine Stunde zu Hause“. Glücklich ist Georgs Mutter über diese Drohung wahrlich nicht. Schließlich rückt sie mit dieser drakonischen Maßnahme ganz in die Nähe dessen, was sie als „schwarze Pädagogik“ eigentlich ablehnt. Andererseits versucht ihr Sohn offenbar gerade mit viel Power, ihre Möglichkeiten und Grenzen auszutesten – da gerät sie mit ihrem Bedürfnis nach Verständigung und Kompromiss in die Enge, ist eher als Sparring-Partner gefragt.

   Als Georg am folgenden Tag eine Dreiviertelstunde zu spät trotzig vor der Tür steht, sagt sie nichts. „Und?“, fragt er beim Abendbrot. „Drei Stunden“, antwortet sie ruhig.

   Am nächsten Tag bleibt Georg drei Stunden drinnen. Er macht seine Hausaufgaben, erledigt seine Pflichten im Haus, gemeinsam üben sie für die anstehende Deutscharbeit und die letzte halbe Stunde darf Georg lesen. Seine Mutter wundert sich, wie friedlich das Ganze verläuft – sie hatte mit Widerstand gerechnet. Als ihr Sohn um vier Uhr schließlich draußen sein Fahrrad aufschließt und ein Kumpel aus der Siedlung auftaucht, hört sie ein merkwürdiges Gespräch. „Wo warst denn du heute so lang?“, fragt der Freund, und Georg antwortet mit warmer, zufriedener Stimme „Ich musste drin bleiben, weil ich gestern zu spät nach Hause gekommen bin“. Georgs Mutter ist verdutzt, es klang wie: „Bei uns gibt es klare Regeln. Auf die kann man sich verlassen“.

So kann eine vermeintliche Zuwendung
- das Zweieurostück mit der Bemerkung: „Geh und kauf dir was“, eine distanzierende Geste sein;
- eine Strafe hingegen – wie oben ausgeführt – Ausdruck von Engagement und Verbundenheit.

Und jedes Kind wird diesen Unterschied, zumindest unbewusst, spüren.

Kinder nehmen auch sehr genau wahr, wie in ihrem Umfeld mit Gefühlen umgegangen wird. Vor allem, ob man ihre eigenen Gefühle ernst nimmt. Sie durchschauen intuitiv, dass die gängigen Ablenkungs- und Beschwichtigungsmanöver – „Musst nicht weinen, es tut doch schon nicht mehr weh.“ – „Brauchst keine Angst zu haben, ich bin doch da“ – in den meisten Fällen ihre Gefühle übergehen, dadurch entwerten, weil die Erwachsenen einfach ihre Ruhe haben wollen. – Wissen wir denn, wie lange das zerschürfte Knie weh tut!? Wahrscheinlich vergeht der Schmerz am ehesten, wenn wir bereit sind, einfach da zu sitzen und das weinende Kind zu halten, solange es in seinem physischen Schmerz und psychischen Elend gefangen ist.

Wissen wir denn, wovor genau das Kind Angst hat? Wenn wir es voreilig beruhigen, werden wir es vermutlich gar nicht erfahren. Wenn wir hingegen nachfragen, zeigt sich vielleicht, dass das Kind sich nicht etwa allein fühlt (unsere Gegenwart allein also auch nicht abhilft), sondern sich vor dem Schatten der Lampe an der Decke fürchtet, die Lampe also umgestellt werden muss, oder durch das Bummern der Spülmaschine beunruhigt wird, die dann bis morgen warten muss.

Nicht immer kann der Auslöser bedrohlicher Gefühle des Kindes so leicht beseitigt werden. Aber in jedem Kontakt, in dem Sie sich genauer auf die Gefühle ihres Kindes einlassen, entsteht Nähe, Vertrauen; das Kind erlebt, dass Gefühle zwar manchmal kompliziert sind, ein offener Umgang mit ihnen aber in den meisten Fällen weiter bringt und kein Gefühl so schlimm ist, dass man es nicht äußern darf. Die Sicherheit, die aus diesem Zutrauen erwächst, wird es lebenslang stärken. (Wohlgemerkt: Offenheit gegenüber den Gefühlen Ihrer Kinder darf niemals inquisitorisch sein: („Nun sag schon, was ist denn mit dir los?") – Wirkliche Offenheit erfordert genug Einfühlungsvermögen und Respekt, um auch dem kindlichen Bedürfnis nach Intimsphäre oder „einem Geheimnis" Rechnung zu tragen!

Eltern, die eine offene, vorurteilsfreie, respekt- und liebevolle Haltung gegenüber den Gefühlen, Impulsen und Fantasien ihrer Kinder einnehmen, werden erleben, dass die Kinder auch ihnen gegenüber verständnisvoller sein können.

Wenn Ihr Kind beispielsweise nicht nur irgendeinen Teller zerbrochen hat, sondern Ihre Lieblingsvase oder ein Erinnerungsstück hat zu Bruch gehen lassen, ist es natürlich, dass Sie traurig oder auch wütend sind. Diese Reaktionen sind dem Kind zumutbar. Nur darf es dabei nicht als Person entwertet werden. Wenn Sie Ihr Kind ernst nehmen, ist es sogar Ihre Pflicht, es mit Ihren Gefühlen zu konfrontieren. Weil Sie sonst die Rolle des Retters/der Retterin einnehmen, die dem Kind eine falsche Realität vorgaukelt und verhindert, dass es die Folgen seiner Handlung kennen lernt. Spätestens, wenn Außenstehende es dann weniger schonungsvoll behandeln, wird es seine

Lektion – vermutlich unter härteren Bedingungen – lernen müssen. Außerdem geben Sie ihm durch Ihre Offenheit die Möglichkeit, sich zu entschuldigen und seine Ungeschicklichkeit vielleicht sogar wieder gutzumachen. So helfen Sie ihm, Schuldgefühlen zu entgehen. Das Kind wird es Ihnen danken. Zum Beispiel, indem es Ihr Bemühen um ein kooperatives, von Zuneigung und Offenheit getragenes Miteinander **nicht** ausnutzt.

Die Selbstverständlichkeit, mit der das misstrauische „Kinder nützen das doch nur aus“ sich einstellt, ist nämlich ihrerseits schon Ausdruck eines Missstandes:

Wenn Kinder satt an Zuwendung und Aufmerksamkeit sind, werden sie nicht versuchen (müssen), sich diese durch Meckern, Unruhe, Aufsässigkeit und Ähnliches zu holen.

Generell empfiehlt es sich, Kindern ihre Aufgaben und Pflichten nicht in rigiden „Du-musst-Sätzen“ oder Vorwürfen zu übermitteln, sondern in Absprache mit ihren eigenen Bedürfnissen und Vorstellungen. So wird das häusliche Miteinander zwar vielleicht nicht ganz die Form von Ordnung haben, die Sie sich erträumen, es wird auch nicht immer so reibungslos, gemächlich und leise zugehen, wie Sie es sich vielleicht wünschen, aber freundlicher, gelassener, lustiger. Wenn Sie Ihr Kind nicht mit manipulativen Spielen, (versteckten) Lügen und Entwertungen erziehen, wird es Sie seinerseits voraussichtlich nicht massiv zu erpressen bzw. zu belügen versuchen.

Warum nur „voraussichtlich“? Hinter dieser Einschränkung steht die Tatsache, dass Kinder mit zunehmendem Alter in den Einflussbereich von Menschen geraten, deren Umgangsformen, Wertesystem etc. wir meist nicht kennen und schon gar nicht kontrollieren können. Das heißt, trotz aller Bemühungen kann es passieren, dass ein Verhalten unseres Kindes uns eines Tages „aus allen Wolken fallen lässt“. Auch dann hilft nur eins: Nicht dramatisieren, keine Totalverurteilungen, verbunden bleiben mit dem Kind und gleichzeitig sehr deutlich machen, wo die Grenzen dessen sind, was Sie zu akzeptieren bereit sind!

Warum nur „nicht massiv“? Weil Kinder in ihrem Versuch, die eigenen Grenzen zu finden, indem sie die Grenzen der Eltern austesten, wohl unweigerlich auch manipulative Spiele starten, es beispielsweise mit einer Lüge versuchen. („Merkt sie/er es, wie groß ist meine Macht?“)

Aber Sie können sich manipulativem Kräftemessen verweigern, indem Sie mit dem Kind darüber zu sprechen versuchen, was es mit dieser Taktik erreichen will. Und wenn Sie selbst ihrem Kind gegenüber nicht lügen (außer in Notfällen, s. o. S. 47ff.), können sie ihm auch deutlich machen, dass Sie Lügen nicht aus moralischen Gründen ablehnen, dass es Ihnen vielmehr um Nähe und Vertrauen geht. Dass Sie, wenn es Sie anlügt, nicht mehr wissen, was sie glauben können, dass ihre Gemeinsamkeit durch die Lüge den Kindes aufs Spiel gesetzt wird.

Tatsächlich bedeutet ein Leben mit Kindern nach den Grundregeln der emotionalen Kompetenz denn auch keineswegs, wie mancher fürchten mag, dass durch „zu große Nähe und Gleichberechtigung“ alle Grenzen fallen. Im Gegenteil! Wie wichtig in Steiners Konzept die Wahrung von Grenzen ist, zeigt sich im kooperativen Vertrag. Enthält dieser doch die Anregung, um Erlaubnis für eine Äußerung zu bitten, d. h. die Grenzen des Gegenübers immer zu berücksichtigen.

Und damit Kinder die kooperative und offene Haltung ihrer Eltern nicht gelegentlich doch auszunutzen versuchen, einfach um ihrem schier unbändigen Selbstentfaltungsbedürfnis zu folgen, müssen Eltern ganz klar ihre eigenen Interessen formulieren und als Grenze der Interessen des Kindes kenntlich machen. So mag es sein, dass Ihr Siebenjähriger auch zur Tagesschauzeit noch überhaupt nicht müde ist, lieber Mensch-ärgerdich-nicht spielen oder noch ein Kapitel vorgelesen bekommen möchte, als schlafen. Sie aber haben ihn wie üblich um halb acht zu Bett gebracht, zwei Kapitel „Kalle Wirsch“ gelesen, er hat drei Witze erzählt und vom Fußballspiel am Nachmittag – jetzt ist Schluss. Zum Schlafen können Sie ihn natürlich nicht zwingen, aber der Filius gehört in sein Bett und wenn er nicht krank ist, haben Sie ein Recht auf die Abendnachrichten.

Denn natürlich ändert keine Regel emotionaler Kompetenz etwas daran, dass Kinder Grenzen brauchen. Und dass wir sie ihnen als Eltern oft deutlich machen müssen – wenn sie sie selbst noch nicht sehen können.

Sie werden Ihren Steppke immer wieder am Bordstein zurückhalten und ihm erklären, warum er nicht einfach auf die Straße düsen darf – bis er die Gefahr eines Tages selbst erkennt.

Sie werden der Achtjährigen erklären, warum sie im Winter schon so früh – nämlich vor Einbruch der Dunkelheit – zu Hause sein muss und besonders auf Pünktlichkeit achten.

Sie werden Ihrem Elfjährigen erklären, warum er sich nichts Gutes tut, wenn er nach der Bierflasche greift, die in einem versteckten Winkel des Schulhofs zwischen seinen Kumpels jetzt manchmal schon kreist – und hoffentlich die richtigen Worte finden.

Sie werden Ihren halbwüchsigen Kindern eindringlich deutlich machen, warum Trampen für sie kein Thema sein sollte – auch wenn der letzte Bus weg ist. (Und Sie werden zur Unterstützung der Dringlichkeit dieses Verbots eine Geldsumme vereinbaren, die in Notfällen für ein Taxi bereitsteht.)

Solche Grenzen schützen Ihre Kinder unmittelbar vor Gefahr. – Es gibt andere, in denen sollen ihnen Nachteile – z. B. die Mühen einer wiederholten Klasse – erspart oder Verantwortung deutlich gemacht werden, wenn Sie z. B. aufhören, Ihrem Sohn, der sein Fahrrad immer in die Ecke feuert, die allfälligen Reparaturen zu bezahlen oder die Kleider Ihrer Tochter zu bügeln, die sie danach achtlos in ihr Zimmer schmeißt.

Und es gibt Grenzen, auf deren Beachtung Sie dringen, weil durch sie Ihre eigenen Gefühle oder Bedürfnisse berücksichtigt werden sollen (zum Beispiel die berühmte „Zimmerlautstärke“).

Wenn der Umgang zwischen Ihren Kindern und Ihnen von emotionaler Offenheit und Sorgfalt geprägt ist, werden Sie in der Regel keine Probleme haben, Akzeptanz der von Ihnen formulierten Grenzen zu erreichen. Vielleicht nicht immer ohne Diskussion oder Umwege, vielleicht wird die eine oder andere Grenze auch gemeinsam neu definiert. Aber Kinder, die erleben, dass in ihrer Familie jeder mit seinen Bedürfnissen und Ideen vorkommt und auch mal gewinnt, werden auch die Wünsche und Vorschläge ihrer Eltern leichter respektieren können. Übrigens: Beim Aushandeln gegensätzlicher Interessen kann Humor und ein spielerischer Zugang manchmal Wunder wirken. Dass Sie sich dadurch auf ihre – der Kinder-Ebene einlassen, wird an sich schon als Zuwendung erlebt. Außerdem wird der Entscheidungsprozess so offener und beweglicher.

Kinder spüren allerdings auch genau, wenn die Grenze, die wir ihnen setzen, willkürlich ist, einem bloß autoritären Impuls folgt („Mit wem du jetzt telefonierst, ist mir doch egal, jetzt wird gegessen und danach gibt’s nichts mehr, damit du das nur weißt!“) oder unser „kritisches Eltern-Ich“ spricht („du meinst wohl, dein Vater hat nichts mehr zu sagen, aber da irrst du dich. Und damit du das endlich begreifst, bist du heute schon um 22 Uhr zu Hause“).

Grenzen, die wir unseren Kindern setzen, sollten sachlich begründet sein und/oder orientiert an ihren **und** unseren Bedürfnissen. Dabei müssen wir fair sein, d.h. die Bedürfnisse des Kindes oder Jugendlichen ebenso ernst nehmen wie die eigenen. Wir müssen aber zugleich die Entwicklungsstufe des Kindes berücksichtigen und ihm nicht ein Maß an Verantwortung übertragen, das es überfordert. – Ihrem Siebenjährigen mag abends die Welt in seiner Neugier so viel wichtiger erscheinen als die Schule am nächsten Tag. Deshalb ist es Ihre Aufgabe, die Bedingungen für erholsamen Schlaf, das heißt, die Zubettgehzeit, zu bestimmen. Ob er diesen Rahmen annimmt, wird unter anderem wesentlich davon abhängen, welche Erfahrungen er sonst mit denen von Ihnen gesetzten Grenzen macht und ob er den Eindruck hat, grundsätzlich mit seinen Bedürfnissen Gehör bei Ihnen zu finden. – Und das gilt entsprechend für jedes Alter.

Wenn Sie sich auch (Ihren) Kindern gegenüber um emotionale Kompetenz bemühen, bedeutet das keineswegs, dass bei Ihnen immerfort eitel Sonnenschein und Eintracht herrscht. Vermutlich werden Sie in bestimmten Entwicklungsphasen sogar wesentlich mehr Gespräche und Verhandlungen führen müssen als autoritär direktive Eltern.

Ihr elementarer Gewinn ist die Nähe, die Sie auf diesem Wege zu Ihren Kindern herstellen und bewahren können. Deren Gewinn ist, dass sie vertrauter im Umgang mit Gefühlen sein werden, eigenen und fremden, auch diffizilen und unangenehmen. Dass Sie erlebt haben, wie Offenheit – wenn sie einfühlsam und umsichtig praktiziert wird – nicht etwa zudringlich oder gar zerstörerisch wirkt, sondern Klarheit und Nähe schaffen kann. Auch wird die Möglichkeit, einen Fehler zu machen bzw. gemacht zu haben, für sie nicht so bedrohlich sein, weil sie gelernt haben, Verantwortung dafür zu übernehmen, ohne sich dabei selbst zur Schnecke zu machen.

Wenn wir auch unsere Kinder teilhaben lassen an unserem Bemühen um einen emotional kompetenten Umgang miteinander, ist das nicht nur vertretbar und zumutbar, sondern eine Art emotionale Aussteuer. Sie wird ihnen helfen, ihre sozialen Kontakte wohltuend (und nicht selbstschädigend) zu gestalten, quälenden Machtspielen und Wiederholungsstrukturen konstruktiv zu begegnen und mit sich selbst immer wieder ins Reine zu kommen.

Dieses „wieder mit sich ins Reine kommen“ ist allerdings schwieriger, als uns lieb ist. Einen Fehler, eine Schwäche zugeben, das klingt so leicht. Aber was machen wir nicht manchmal für gedankliche Verrenkungen und Umwege, um dieser Notwendigkeit zu entkommen! Wir leugnen, verharmlosen sie oder blähen sie im Gegenteil in unserem Inneren so auf, dass wir sie dann unmöglich mehr offenbaren können. Was sind das für Mächte, die uns ablenken, aufstacheln oder bedrohen, nur um zu verhindern, dass wir einen Fehler, eine Schuld eingestehen? Die Frage führt uns zurück zum Thema Verantwortung. Wie notwendig es ist, Verantwortung für die eigenen Gefühle, Entscheidungen und Handlungen zu übernehmen, ist deutlich geworden.

Stolpersteine, die dem entgegen stehen

Das sind vor allem: Attacken des „kritischen Eltern-Ichs“, unsere Scham, (unbemerkte) Rettungen und Angst.

In vielen Situationen, gerade bei unscheinbaren Fehlern, über die man unauffällig hinweggehen kann, ist es unser „kritisches Eltern-Ich“, das von uns verlangt, keine Schwäche zu zeigen: „Du wirst doch diesen Fehler nicht zugeben, wo bleibt dann noch deine Autorität als Chef“, zischt es uns zu oder aber: „Wie kannst du daran denken, dich als Mutter bei deinen Kindern zu entschuldigen. Wie sollen sie dich künftig noch respektieren!?“

Es gibt eine Fülle solcher Sätze, die uns von einem unbefangenen Bekenntnis eines Fehlers abzuhalten versuchen: „Was soll's …!“ „Jeder macht schließlich mal einen Fehler.“ „Der/die soll sich nicht so anstellen.“ „Wenn ich jetzt diese blöde Bemerkung anspreche, gibt's garantiert wieder eine lange Diskussion darüber, warum ich ..."

„Schließlich bin ich sonst immer so nett zu ihm/ihr, das muss er/sie da schon mal wegstecken können" etc.

Ein tyrannisches, dabei gänzlich unsouveränes „kritisches Eltern-Ich" verhindert Nähe, sobald diese mit einem vermeintlichen Gesichtsverlust einhergeht, es beraubt uns so unserer Fähigkeit zu Intimität.

Dabei sind all diese Sätze ebenso harmlos wie die Ungeschicklichkeiten, die ihnen vorausgegangen sind. Aber wenn man einmal begonnen hat, auch diese Kleinigkeiten wahrzunehmen, wird man bald feststellen, dass tatsächlich jede unbereinigte Verletzung einen winzigen Rückzug, eine minimale Wunde hinterlässt. Die wir vermeiden können, wenn wir uns den Fehler eingestehen und die Verantwortung dafür übernehmen.

Neben den Einflüsterungen, die uns Stärke, ein Pokerface, Wurschtigkeit nahe legen, können allerdings auch frühere Erfahrungen ein Hindernis sein, in denen das Bekenntnis eines Fehlers zu Ablehnung, Schelte, Strafe oder – noch schlimmer – einer Entwertung unserer Person geführt haben mag. Wo ein Kind, das zugibt, gelogen zu haben, zuerst – und oft ausschließlich – als „verdammter Lügner" beschimpft wird. Dabei hat dieses Kind gerade all seinen Mut zusammen gerafft, um ehrlich zu sein!

Oder aber Situationen, in denen Sie als Kind gezwungen wurden, sich für Dinge zu entschuldigen, die Sie unmöglich als Fehler wahrnehmen konnten. Wenn ein Kind aus Unbeholfenheit (nicht mutwillig!) beim Tischdecken einen Teller zerbricht, mag das ärgerlich sein – es ist nichts, wofür es sich entschuldigen müsste und auch kein Grund, es zu beschimpfen.

Weil wir nicht ahnen, wie viel Nähe entstehen, welche Erleichterung freigesetzt werden kann durch das Eingeständnis eines

Fehlers, halten wir uns damit zurück. Und wirken so – ähnlich wie beim restriktiven Umgang mit Zuwendung (vgl. oben S. 53 ff.) – mit am Fortbestehen eines Missstandes, unter dem wir selbst gelitten haben. Wir rächen uns quasi für ungesühnte Verletzungen, indem wir andere weiter verletzen – meist durch unspektakuläre, aber überaus wirksame Formen von Unachtsamkeit, Manipulation, Unfairness oder Entwertung, die wir oft nicht einmal bemerken, so vertraut sind sie uns: All die beiläufigen Sticheleien und Demütigungen beispielsweise, die sich in eine Ehe einschleichen können, die kleinen Abwertungen und Vorwürfe, die drohende Verachtung …

So verstößt ein Mann, der bei einer Abendeinladung nach ein paar Bierchen beginnt, lautstark über seine Frau herzuziehen, weil sie Groschenromane liest, schnarcht oder beim Fernsehen immer einschläft, gegen die Gebote von Loyalität und Diskretion. Auch wenn seine Frau die Verletzung schweigend übergeht, wird sie unweigerlich zu einer Störung der Vertrautheit zwischen den Ehepartnern führen.

Wenn das Ehepaar sich auseinander gelebt, an diese Art würdelosen Umgang mit dem anderen gewöhnt hat, wird sie folgenlos bleiben. Wenn der Mann seine Frau aber liebt, wird er sich – spätestens am nächsten Tag, wenn er wieder nüchtern ist – unwohl fühlen. Vermutlich wird er sich schämen. Scham ist eine unangenehmes Gefühl, das wir meiden. Scham kann aber auch ein Wegweiser sein, der uns anzeigt, wo wir einen Fehler gemacht haben. Wenn dieser Mann also den Signalen seiner Scham folgt, wird er auf seine unsolidarischen Äußerungen während der Einladung stoßen. Um wieder eine ungestörte Verbindung zu seiner Frau herzustellen, wird er ihr seinen Ausrutscher gestehen und sich bei ihr entschuldigen wollen.

Schwer zu erkennen sind oft die Fehler, die durch rettende Gesten entstehen können. Es bedarf schon eines genaueren Blicks, um zu realisieren, dass wir auch bei gut gemeinten

Aktionen häufig uns selbst oder unser Gegenüber nicht ernst nehmen, entmündigen, manipulieren oder in seiner Schwäche stabilisieren. In unserem Beispiel der überengagierten Hilfe bei den Englisch-Hausaufgaben (vgl. S. 40) wird dies unmittelbar deutlich: Obwohl eine freundliche Geste, kann sie im schlimmsten Fall dazu führen, dass Ihr Kind die Englischarbeit verhaut. Um die Situation zu korrigieren, könnte sich die Mutter bei ihrem Sohn dafür entschuldigen, dass sie ihn um die Lust an der Entdeckung und die Freude über eine selbst gefundene Lösung betrogen hat. Sie vermittelt ihm damit zugleich generell, dass eine Hürde zu überwinden zwar anstrengend, aber auch mit einem Gewinn an Zufriedenheit verknüpft ist.

Frau Maier, die rasch die von ihrem Sohn verursachten Scherben auffegt, hat ihm einen Bärendienst erwiesen und ihren Mann verletzt. Sie hat Wolfgang in den Clinch mit ihrem Mann hineingezogen. Durch ihre rettende Geste nimmt sie ihm die Möglichkeit, das von ihm verursachte Missgeschick selbst zu bereinigen. Fair wäre, wenn sie ihn aus der emotionalen Verstrickung entlässt und ihm die Chance zur Wiedergutmachung eröffnet, zum Beispiel so: Ich merke gerade, dass das Auffegen eigentlich nicht meine Aufgabe ist. Mach du das doch bitte!

Ihren Mann hat sie verletzt, indem sie ihm in den Rücken fällt. Allerdings hat er ihr das auch leicht gemacht, weil er sich mit seiner Standpauke vergaloppiert, seine Kritik nicht angemessen und fair vorgetragen hat.

Unfair verhalten sich beide Elternteile, weil sie ihren Sohn manipulativ in ihre Auseinandersetzung mit einbezogen haben.

„Es tut mir leid, dass ich in meiner Wut die Situation benutzt habe, um dir eins auszuwischen", könnte eine Entschuldigung von Frau Maiers Seite sein, die die Verbindung zu ihrem Mann wieder herstellt. Sein Part wäre es, sein Aufbrausen und den darin enthaltenen Angriff auf seine Frau zurückzunehmen. In der Folge werden die Maiers darüber sprechen, warum sie beide dazu neigen, bei Streitigkeiten die Kinder in ihren Konflikt hineinzuziehen – denn die Situation dürfte kein Einzelfall sein. Nachzufragen wäre auch, was sich hinter Herrn Maiers Äußerung „Auf mich hört hier ja eh keiner mehr“ verbirgt.

Dass Rettungen eine besonders heikle Form des Machtspiels sind, weil dabei oft alle Beteiligten in die Falle tappen – auch die RetterInnen selbst – soll das folgende Beispiel belegen.

Sie sind ärgerlich auf eine Freundin, weil diese Sie bei einer Begegnung in größerer Runde hat links liegen lassen. Am liebsten würden Sie sich eine Weile zurückziehen, bis der Ärger verflogen ist. Sie sind dieser Freundin aber gleichzeitig verpflichtet, weil sie in Notsituationen öfter zur Kinderbetreuung einspringt. Diese Abhängigkeit („Ich darf sie nicht verprellen“) nehmen Sie ihr zusätzlich übel, weil Sie dadurch in einen Konflikt geraten. Durch eine Art Flucht nach vorne versuchen Sie, Ihren Unmut zu überrollen, mundtot zu machen: Sie laden die Freundin zum Abendessen ein.

Nun wird sich die Freundin zwar vielleicht über die Einladung freuen, sie wird aber, wenn sie empfindsam ist, zugleich spüren, dass irgend etwas nicht stimmt. Wenn Sie nicht den Mut finden, Ihrem Unmut Ausdruck zu verleihen, schustern Sie ihr die Verantwortung für eine Bereinigung des Missstands zu. Sie aber weiß vermutlich von nichts. Indem Sie die Freundin von Ihrer Wut verschonen, stürzen Sie sie in Konfusion. Sie täuschen sie – auch wenn Sie noch so lecker gekocht haben an diesem Abend.

Diese Art von Überfürsorglichkeit – die dazu dient, (unbotmäßigen, „verbotenen“) Ärger zu vertuschen – dürfte ein Reaktionsmuster sein, das sich eher bei Frauen findet. Männer sind in der Regel nur bei Frauen auf Rettung trainiert – untereinander reagieren sie in vergleichbaren Situationen meist mit Rückzug. So kann beim Tennisspiel der Verlierer seine Niederlage zwar scheinbar cool hinnehmen, seinen überlegenen Partner aber beim anschließenden Zusammensitzen demonstrativ ignorieren. Oder er kann in der nächsten Runde bei jedem Aufschlag seines Gegners einen dummen Spruch machen und diesen dadurch verunsichern. – Das kann sich hochschaukeln, bis die beiden keine Lust mehr haben, miteinander zu spielen. Und das nur, weil der Mut fehlt, ein vermeintlich unrühmliches Gefühl (Ärger über das verlorene Spiel) offen einzugestehen.

Die Situationen, an denen wir alle solcherart unsauber aufeinander reagieren, sind unspektakulär. Genau so ist es im Alltag. Deshalb bemerken wir viele der Fehler, die wir machen, lange nicht. Gerade deshalb kehren sie wieder. Sie werden zu Interaktionsstrukturen, die sich verfestigen und – meist unbemerkt – zu emotionalen Missverständnissen, Ressentiments, Verzweiflung, faktischen oder inneren Trennungen führen.

So wie es sich bei den Maiers als negative Entwicklungsmöglichkeit abzeichnet. Beide haben, um das geheiligte Freitagabendessen nicht in Frage zu stellen und dadurch ein heikles Gespräch über eigene Wünsche und Familienrituale zu riskieren, stillschweigend die Angebote ihrer FreundInnen zurückgewiesen. Sie haben ihre eigenen Bedürfnisse missachtet, d.h., sie sind in Retter- bzw. Opferpositionen gegangen. Das weckt unweigerlich Zorn. Vermutlich sammeln beide Rabattmarken.

Dass Frau Maiers defensive Reaktion auf die sexuellen Bedürfnisse ihres Mannes ihr selbst schadet, aber auch ihn verletzt, weil sie ihn in diesem Moment nicht ernst nimmt, haben wir schon gesehen. Sie kann dieses Verhalten über Jahre hin fortführen – und so dadurch, dass sie nichts sagt, ihre Ehe mit ruinieren. Sie kann aber auch, wenn ihr etwas an wirklicher Nähe zu ihrem Mann liegt, eines Tages zu sprechen beginnen.

Nehmen wir an, sie hätte an besagtem Abend, als das Abendessen so schief lief, die Zeit allein genutzt, um etwas gründlicher nachzudenken über die Verhärtungen zwischen sich und ihrem Mann. Sie hätte dabei auch über ihrer beider sexuelle

Beziehung nachgedacht, die sich für sie selbst immer mehr abgenutzt hat, kaum noch mit Lust verbunden ist. Stattdessen hat sie sich angewöhnt, ihrem Mann einfach zu Willen zu sein – widerstandslos, aber innerlich unbeteiligt. Sie spürt, weiß, wie tief die Entfremdung durch ihre Verstellungsmanöver schon geworden ist und wie sehr ihre Lügen im Bett in andere Bereiche des Zusammenlebens hineinragen. Aber sie fürchtet sich. Wie soll sie ihrem Mann ihr Verhalten erklären und zudem, dass sie schon so lange ein falsches Spiel mit ihm treibt? Undenkbar. Und doch! Als ihr Mann sich an diesem Abend zu ihr legt und seine rituellen Annäherungsgesten vollzieht, fasst sich Frau Maier ein Herz: „Warte bitte einen Moment. Ich möchte dir etwas sagen, was mir sehr schwer fällt. Ich bin nicht ehrlich zu dir, und das beginnt mich zu quälen. Es ist schon seit einer ganzen Weile so, dass ich meist gar keine Lust habe, mit dir zu schlafen. Ich lasse dich zwar gewähren, aber es macht mir keinen Spaß. Das macht mich traurig – und wütend. Es tut mir leid, dass ich dich so lange getäuscht habe. Ich bin da irgendwann reingeraten und wusste dann bald nicht mehr, wie ich wieder zurückkomme. Aber ich halte das nicht mehr aus."

Herr Maier ist schockiert. Wie betäubt fällt er zurück in sein Kissen. Die Worte seiner Frau treffen ihn unerwartet und brutal. Er fühlt sich bedroht, ihm schwindelt: „Das kann nicht wahr sein, was er da gerade gehört hat!" Wortlos steht er auf und geht ins Wohnzimmer.

Es braucht nicht viel Fantasie, um sich vorzustellen, wie jetzt die Gefühle toben in den beiden Maiers. Wut, Kränkung und erschreckte Fassungslosigkeit durchziehen Herrn Maier – und seine Frau würde am liebsten fortlaufen vor dem Klumpen aus Schuldgefühlen und Verlorenheit, der sich in ihr zusammenballt.

Der Konflikt, der offen geworden ist zwischen den beiden, rührt an die Grundfesten ihrer Liebe und Ehe. Reagiert Frau Maier nun ihrerseits eingeschnappt („Da fasse ich mir ein Herz, bin offen, und er zieht sich mal wieder zurück und verweigert das Gespräch. Typisch!“), stehen die Chancen nicht gut für die beiden. Ohne Gespräch werden sie künftig mit einer Hypothek leben müssen, die nicht nur ihre sexuelle Beziehung belastet (bzw. verhindert), sondern das ganze Zusammenleben.

In dieser empfindlichen Situation hilft vermutlich nur eins: dass Frau Maier spürt, **wie** sehr sie ihren Mann gerade verletzt hat. Und zwar nicht nur durch das, was sie gesagt hat. Sondern auch – oder noch mehr – dadurch, dass sie ihn getäuscht hat.

Frau Maier ahnt das. Wellen von Angst durchströmen sie heiß, dann wieder zittert sie vor Anspannung und Angst, sie fühlt sich grässlich. „Hätte ich doch bloß nichts gesagt“, durchzuckt es sie.

Aber nein, dieses ewige Täuschen und Verbergen hat sie so zermürbt, das war einfach nicht mehr lebbar. Sie merkt, dass sie trotz aller Bestürzung auch erleichtert ist. Richtig wohl hat sie sich schließlich nie gefühlt, wenn sie ihrem Mann etwas vorgemacht hat. Und mit Lust hatte das schon lange nichts mehr zu tun.

Aus der Erleichterung heraus kann sie die wütende Reaktion ihres Mannes annehmen. Wie würde sie sich fühlen, wenn ihr Mann ihr so etwas eröffnete! – Frau Maier gibt sich noch einmal einen Ruck, mit Herzklopfen geht sie zu ihrem Mann im Wohnzimmer:

„Ich weiß, dass ich dir furchtbar weh getan habe gerade, und es tut mir wirklich leid. Ich bitte dich trotzdem, dass du mit mir sprichst und wir schauen, wie wir damit umgehen.“

Da Frau Maier damit rechnen muss, von ihrem Mann zurückgewiesen zu werden, dürfte der Schritt ihr nicht leicht fallen. Doch auch wenn sie denkt – und sich später erweisen wird –, dass ihr Mann durchaus seinen Anteil an der Misere hat, ist diese Art „einseitige Abrüstung“ oft der einzige Weg, das Gespräch nicht in einer Sackgasse des Schweigens enden zu lassen.

Jetzt ist Herr Maier gefordert. Sein Kopf wird von wirren Halbsätzen bevölkert. Am liebsten würde er sich aus dieser heillosen Situation herauskatapultieren. Oder seine Frau aus seinem Leben entfernen. Die aber bittet sogar um ein Gespräch. Unmöglich. – Und doch, wie sie da steht, schutzlos in ihrer Offenheit ... Herr Maier lenkt ein: „Ja, das ist eine gute Frage: Wie in aller Welt sollen wir damit umgehen? Wie konntest du mich nur so lange belügen! Man kann doch reden mit mir. Warum hast du mir nicht gleich was gesagt, als du merktest, dass du keinen Spaß mehr hast im Bett mit mir."

Frau Maier muss erst mal schlucken. Die Vorwürfe ihres Mannes schmerzen. Aber sie sind verständlich. – Außerdem wird ihr deutlich, dass sie mit dem Eingeständnis ihrer Lügen nur den Anfang gemacht hat. Jetzt steht sie vor genau der Barriere, die vor Jahren das ganze Täuschungsmanöver in Gang gebracht hat: Ihre verdammte Scham.

„Ich weiß, dass das ein Fehler war. Aber ich habe mich damals nicht getraut. Weißt du, irgendwann habe ich gemerkt, dass mich Deine Berührungen nicht mehr erregt haben. Irgendwie lief alles nach einem Schema ab, vorhersehbar, ohne Überraschungen. Das war zwar manchmal noch befriedigend, aber kaum noch lustvoll. Dann habe ich angefangen, mir Verführungssituationen vorzustellen. Irgendetwas Abenteuerliches, z. B., dass wir beide wie Fremde miteinander umgehen. Oder dass uns unser Begehren in einem Lokal oder Kino überfällt, na ja, das sieht man ja manchmal in Filmen, und wir dann schnell nach Hause gehen und toll miteinander schlafen. Aber ich habe mich eben nie getraut, dir davon zu erzählen. Habe mich geschämt, gefürchtet, du könntest das ordinär oder pervers finden. Irgendwann hatte ich dann die Fantasien allein, wenn ich gerade Lust empfand, und mit dir habe ich nur noch mehr oder weniger unbeteiligt mitgemacht. Und das lief dann immer weiter auseinander ..."

Frau Maier ist ganz zittrig, nachdem sie das alles erzählt hat. Andeutungsweise hat sie schon einmal gegenüber ihrer Freundin von ihren geheimen Wünschen gesprochen, aber auch da hat sie sich geniert. Und dass sie ihrem Mann gegenüber im Bett schon seit Jahren Theater spielt, das hat sie überhaupt noch niemandem erzählt, obwohl es sie oft beschäftigt und auch bedrückt hat.

Es gibt Frauen, die spielen ihrem Mann Erregung vor und empfinden eine merkwürdige Form von Triumph, weil ihr Partner es nicht merkt. Es gibt Frauen, die ein tief verborgenes Verbot hindert, sich selbst Lust zuzugestehen. Vielleicht entdeckt eine Frau erst während der Ehe, dass sie sich erotisch auch oder eigentlich zu Frauen hingezogen fühlt. Erschreckt über die eigenen Regungen und das Gefühl von Ausweglosigkeit flieht sie in Verstellung und Schweigen.

Egal, welche Begründung eine Frau in dieser Situation vorbringen wird, leicht fällt ihr das nie. Doch egal, wie groß die Angst vor der Offenbarung ist – es gibt keinen anderen Weg.

Herr Maier ist immer noch aufgewühlt, aber das Geständnis seiner Frau macht ihn auch weich und nachdenklich. Irgendwo regt sich so etwas wie Bewunderung und Neugier: So kühne Fantasien hätte er seiner Frau gar nicht zugetraut. – Doch die zärtliche Regung wird von einer Woge des Zorns überrollt: Wie konnte sie ihn nur so hinters Licht führen! Täuschen, ausgerechnet in diesem Bereich! Wie soll er ihr das je verzeihen!?

Herr Maier grübelt stumm. Seine Frau hat sich gesetzt. Sie ist total erschöpft, aber auch froh, dass ihr Mann sie nicht einfach hat stehen lassen. Sie spürt, dass dieses Gespräch erst der Anfang ist. Aber sie fühlt sich befreit, alles ist besser als diese Lügerei.

Nach einer Weile beginnt Herr Maier mit belegter Stimme zu sprechen: „Ich finde es ungeheuerlich, dass du mich so lange hintergangen hast. Und ich weiß noch gar nicht, was das alles in mir auslöst und wie ich damit fertig werden soll. Aber ich finde es trotzdem gut, dass du mir jetzt gesagt hast, was da seit Jahren läuft. Ich kann mir vorstellen, dass dir dass schwer gefallen ist. Und als du gerade von deinen Fantasien erzählt hast, wurde mir schlagartig klar, dass ich auch schon lange keine Fantasie mehr mit ins Bett gebracht habe. Dich zu locken, zu verführen, zu verwöhnen, darum habe ich mich ewig nicht mehr bemüht. Wie weit das mit deiner Abwesenheit beim Sex zusammenhing, darüber muss ich nachdenken, das werden wir hoffentlich zusammen rausfinden. Wir müssen reden. Es graut mir davor und ich merke, wie mich immer neu die Wut packt. Aber anders geht's nicht, und ich will das mit dir klar kriegen. Nur jetzt, jetzt bin ich nur noch fertig und brauche erst mal Ruhe ..."

Frau Maiers Eingeständnis hat eine Lawine ausgelöst. Zurück geht es jetzt nicht mehr. Die Maiers werden viel Geduld brauchen, um zu begreifen, was sie im anderen jeweils auslösen und ausgelöst haben. Wenn es ihnen gelingt, die eigenen Regungen offen zu legen, ohne daraus einen Vorwurf abzuleiten, werden sie viel lernen, miteinander und übereinander. Sie werden Ängste, Abgründe, neuen Ärger und Rückschläge erleben, aber für sie hat ein Prozess der Erneuerung begonnen.

Exkurs: Zur Skala emotionaler Bewusstheit

Zugleich ist das aufwühlende Gespräch der Maiers ein gutes Beispiel für die unterschiedlichen Stufen von Bewusstheit, die (unsere) Gefühle ins uns erlangen können. Sich diese Skala emotionaler Bewusstheit zu vergegenwärtigen, zeigt noch einmal, dass das Bemühen um emotionale Kompetenz nicht etwa nur für Menschen hilfreich ist, die in einer schwierigen Beziehungs- oder Familiensituation stecken. Dass der (kompetente) Umgang mit Gefühlen vielmehr unsere Wahrnehmung der Wirklichkeit grundsätzlich beeinflusst.

Grafisch sieht die Abfolge der verschiedenen Stadien emotionaler Bewusstheit so aus:

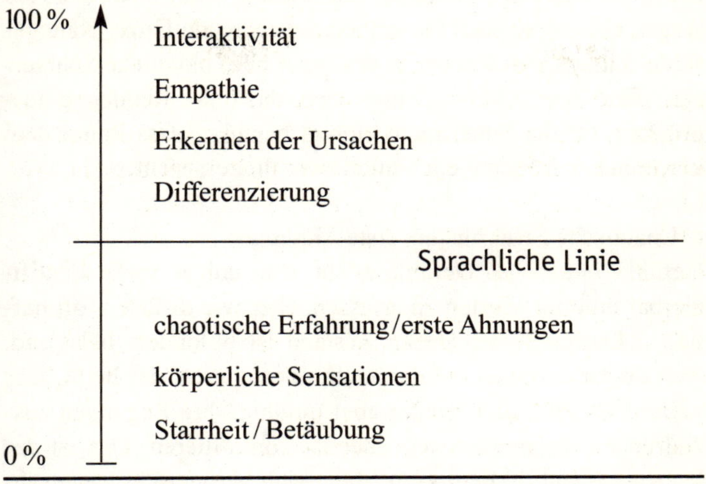

Zu den einzelnen Stufen:

a. Im Zustand der Starrheit/Betäubung ist für die Betreffenden praktisch kein Gefühl spürbar. Das klassische Beispiel ist der Schock. Herr Maier ist in einer ähnlichen Verfassung, als er nach der Eröffnung seiner Frau in sein Kissen fällt. In diesem Stadium kann es sein, dass eine Person, die für alle sichtbar unter dem Einfluss starker Emotionen steht, auf Befragen nur Verwirrtheit oder Gefühle von Taubheit oder Kälte angibt. Claude Steiner bezeichnete die Emotionen dieses Levels als gefriergetrocknet; sie sind dem Bewusstsein nicht zugänglich.

b. Körperliche Sensationen

Auf diesem Level emotionaler Bewusstheit werden Gefühle nur als die körperlichen Sensationen erlebt, die sie in der Regel begleiten. Der Schwindel Herrn Maiers bei der Eröffnung seiner Frau wäre eine solche Sensation, auch deren Hitzewellen und Herzklopfen. In solchen Situationen nehmen die Betroffenen zwar den beschleunigten Herzschlag wahr, nicht aber die Angst, die ihn auslöst. Sie spüren aufsteigende Hitze, Kältegefühle, Zittern, den Knoten in der Brust oder plötzliche Schmerzen, ohne das Gefühl zu empfinden, das diese Regungen ausdrücken. Oft ist ihnen nicht einmal bewusst, dass hinter dem körperlichen Vorgang ein emotionaler Prozess steht.

c. Chaotische Erfahrungen/erste Ahnungen

Gefühle werden als Gefühle erlebt, aber unklar, nicht identifizierbar und mit Worten zu erfassen, eher wie diffuse – oft heftige – Energieflüsse. Dieser Zustand ist besonders belastend, weil die Betroffenen auf ihre Gefühle reagieren, das heißt, sehr verletzlich sind, gleichzeitig aber unfähig, ihre Regungen auszudrücken, zu modellieren oder zu kontrollieren. Das ist der kurze Moment, in dem Frau Maier sich verwünscht wegen ihrer Offenheit und Herr Maier am liebsten sich oder seine Frau einfach entfernen würde, um dieser unüberschaubaren und beängstigenden Situation zu entkommen.

Durch die unkontrollierten und unkontrollierbaren Emotionen leiden die Betroffenen mehr als ein Mensch auf niedrigerem emotionalem Niveau, dessen Gefühle mehr oder weniger vollständig aus seinem Bewusstsein ausgeblendet sind.

Das bedeutet, dass ein Mensch in einer emotionsfeindlichen Kultur auf einer weniger entwickelten Stufe emotionaler Bewusstheit vordergründig effektiver funktionieren kann als derjenige, der seine Gefühle wahrnimmt (Chaos gegenüber Taubheit). Das könnte zu der Vorstellung verleiten, emotionale Kompetenz sei eher ein Handicap als ein Gewinn. – Die Krise der Maiers wie andere Beispiele aber zeigen, dass dies keineswegs so ist!

d. sprachliche Linie
Erst ab der sprachlichen Linie, durch den Einfluss der Sprache (genauer: Benennung, diese kann auch in einem inneren Monolog erfolgen) und durch die Fähigkeit zum emotionalen Austausch wird Bewusstsein von Gefühlen möglich. Sprache ist eine Technik sowohl für den Ausdruck wie die Handhabung von Gefühlen! Um diese sprachliche Barriere zu überwinden, müssen wir in einer sicheren Umgebung sein, die offen und wohlgesonnen gegenüber Gefühlen ist. – Auch wenn das Gespräch der Maiers anfangs bedrohlich verläuft, gibt es offenbar eine solche Vertrauensbasis, sonst hätte Frau Maier gar nicht den Mut gefunden, sich zu öffnen.

e. Differenzierung
Zwischen unterschiedlichen Gefühlen unterscheiden zu können ist ein Schritt, der uns die Unterschiede, Ursachen und Intensitäten von Emotionen wahrzunehmen hilft. Zugleich werden wir erkennen, dass es durchaus gemischte Gefühle gibt, Liebe vermischt mit Scham, Freude gedämpft durch Angst. Herr Maier mit seiner Mixtur aus Wut und Zuneigung, ergänzt durch Bewunderung und Neugier. Auch wenn er hier nicht darüber spricht, bestimmen diese widersprüchlichen Regungen sein weiteres Verhalten.

f. Ursachen
Auf dieser Ebene beginnen wir die Ursachen unserer Gefühle zu verstehen. Das tut zum Beispiel Frau Maier, als sie über das Zugleich von Scham und Furcht spricht, die es ihr verwehrt haben, ihrem Mann ihre sexuellen Fantasien mitzuteilen.

g. Empathie
Wenn wir gelernt haben, unsere Emotionen wirklich zu spüren, voneinander zu unterscheiden und in ihrer unterschiedlichen Intensität zu erleben, wird es uns allmählich auch möglich, in-

tuitiv zu spüren, was in den Menschen um uns herum emotional vorgeht. Unterschiede und Ähnlichkeiten. Diese Einfühlung lenkt Frau Maier zu Beginn des Dialogs auf glückliche Weise, als sie – allen Ängsten und Rechtfertigungsversuchen zum Trotz – in der Lage und bereit ist, einzusehen, wie sehr sie ihren Mann verletzt hat. Dem korrespondiert später Herr Maiers Anerkennung, er könne sich vorstellen, wie schwer ihr dieses Geständnis gefallen sei. In diesen Momenten zeigt sich, wie viel Verbindung die Maiers trotz allem noch zueinander haben. In diesen Momenten legen sie auch die Grundsteine für die zukünftig-veränderte Gestalt ihrer Liebe.

h. Interaktivität
Darunter versteht man eine differenzierte emotionale Kommunikation zwischen Menschen, die Gefühle in ihrem permanenten Wandel erfassen, zuordnen und in wohltuender Form in den Austausch mit anderen einfließen lassen können. Das Bewusstsein, dass Gefühle sich gegenseitig beeinflussen – und zwar innerhalb und außerhalb eines Menschen – erfordert einen zusätzlichen Erfahrungsschritt.

Die Erläuterungen zur Skala emotionaler Bewusstheit macht deutlich: Wer nichts fühlt, dem geht Realität verloren. Gefühle – und die damit einhergehenden körperlichen Empfindungen – sind wichtige Wegweiser, anhand derer wir uns in der Wirklichkeit orientieren. Um diese Wegweiser zu verstehen, müssen Gefühle sprachlich kodiert werden können.

Welcher Bedingungen es bedarf, damit Gefühle solcherart gespürt, verstanden und verbalisiert werden können – eines sicheren Raums, ausreichender Zuwendung und des Verzichts auf Power Play – haben wir gesehen. Welche Entwicklungen und Veränderungen durch diesen bewussten Umgang mit Gefühlen freigesetzt werden, hat vor allem das nächtliche Gespräch der Maiers gezeigt.

Bezogen auf den dritten Punkt des Konzepts von Steiner, und damit kommen wir zum Hauptthema dieses Kapitels „Verantwortung“ zurück, ist Empathie eine wesentliche emotionale Leistung.

Verantwortung zu übernehmen für die Fehler, die wir emotional machen, heißt nämlich, wie das Beispiel der Maiers belegt, dass wir zu realisieren bereit sind, was unsere Haltung, unsere Äußerung oder Handlung **für einen anderen Menschen, innerhalb dessen Leben** – bedeutet.

Wer einmal begonnen hat, in diesem Sinne Fehler als das einzugestehen, was sie sind – ein punktuelles Fehlverhalten –, der wird Erleichterung spüren und neue Formen von Nähe und Intimität erleben.

Einen Fehler gegenüber anderen einzugestehen kann, heißt es bei Claude Steiner, „kann zu einem fast unüberwindlichen, entwürdigenden Hindernis werden, aber wir müssen lernen, diese Hürde zu nehmen. Fehler zuzugeben kann eine Kraft spendende, reinigende Erfahrung sein, und jemand, der Anspruch auf emotionale Kompetenz erhebt, darf sie nicht auslassen“.

In vielen Fällen gehört zum Bekenntnis und Bedauern eines Fehlers auch die Frage, ob die Verletzung geheilt, der Fehler – real oder symbolisch – wieder gutgemacht werden kann. Die Bedeutung von Wiedergutmachung wird oft unterschätzt. Eine rasch gemurmelte Entschuldigung soll genügen. Echte Wiedergutmachung bedeutet Wandel. Wenn ich aufrichtig mit der Wiedergutmachung eines Fehlers beschäftigt bin, gehört meine emotionale und gedankliche Energie in dieser Zeit demjenigen, dem ich Unrecht getan habe. Schon das verändert meine Beziehung zu diesem Menschen. (Und spätestens hier wird sich zeigen, ob ich meinen Fehler wirklich einsehe und bedaure. Wenn nicht, wird sich in diesem Stadium vermutlich das „kritische Eltern-Ich“ melden, Ärger gegenüber dem Geschädigten einstellen, dem ich mich solcherart beugen soll!)

Bei zu raschem Verzeihen ist Skepsis angesagt. Und zwar sowohl als Erwartung (Druck) von Seiten des Verletzenden wie bei übereiltem Einlenken von Seiten des Verletzten. Verzeihen verlangt Achtsamkeit, oft auch Zeit. Man kann nicht immer gleich verstehen, entschuldigen, versöhnt reagieren. (Aber man sollte fair sein und den anderen nicht aus einem bloßen Rachegefühl heraus zappeln lassen!)

Die Dynamik des Verzeihens und der Wiedergutmachung ist komplex. Sie hängt von der Struktur der betroffenen Menschen, der Tiefe der Verletzungen, auch der aktuellen Verfassung der Beziehung und Ähnlichem ab. Letztlich bedeutet Verzeihen „Zuwendung unter verschärften Bedingungen", d.h., den anderen liebevoll wieder bei sich aufzunehmen.

Emotionale Fehler betreffen allerdings nicht nur andere – oft verletzen wir uns auch selbst. Der Mann, der sich als Familienernährer zur Wahrung des Lebensstandards beruflich so aufreibt, dass seine Energie feierabends nur noch für Abschalten mit Hilfe einer Flasche Wein reicht, schadet sich selbst. Die Mutter, die aufopferungsvoll immerfort die Reste vom Familientisch isst, damit nichts weggeworfen wird, schadet sich selbst. Bedeutsam für einen emotional kompetenten Umgang mit anderen sind diese selbstschädigenden Verhaltensweisen, weil sie z.B. in familiären Zusammenhängen früher oder später zu Verwirrungen führen. Denn dieser Mann und diese Frau machen sich zum Opfer – oder, das lässt sich nur bei genauer Kenntnis der Figurenkonstellation entscheiden, zu Rettern. (Opfer werten die eigenen Fähigkeiten ab, Retter die Fähigkeiten der anderen.) Irgendwann werden sie das denen, für die sie sich opfern oder die sie retten, übel nehmen. Das führt zu Aggressionen, die keiner recht verstehen kann und die gerade deshalb ihrerseits neuen Wirrwarr auslösen: ein probater Weg in familiäre Krisen ...

Vermutlich können wir anderen Menschen letztlich nur das

Verhalten glaubhaft entgegenbringen, das wir uns selbst gewähren. Wer sich beständig mit rigiden Vorschriften und Verboten verfolgt, kann anderen nicht mit Großherzigkeit und Gelassenheit begegnen. Wer sich selbst großzügig oder humorvoll einen Fehler zugesteht, wird auch Fehler in seiner Umgebung entspannt aufnehmen können. Weil nur der seine Mitmenschen glaubwürdig zu lieben vermag, der nicht verlernen musste, sich selbst zu lieben.

Die emotionalen Verletzungen, die wir bis jetzt betrachtet haben, sind alltägliche, auch wenn sie teils tief gehende Wunden und Krisen verursachen können. Sie achtsam wahrzunehmen und offen damit umzugehen, fordert beständige Aufmerksamkeit. Wir müssen uns immer wieder neu darauf einlassen, uns daran erinnern, darauf verpflichten. Denn auch ausgeprägte Wachheit für interaktive Prozesse, eine hohe intuitive Begabung und jahrelanges Üben emotionaler Kompetenz wird uns nicht vor solchen Fehlern bewahren.

Im Alltag nicht – und auch nicht in existentiellen Bereichen. Frau Maiers Geständnis und die beginnende Aussprache zwischen den Ehepartnern ist für die beiden ein zwar schon dramatisches, aber dennoch gelindes Beispiel für das, was Menschen einander antun können. Hass, Verbitterung, Neid, Eifersucht, Gier, Hochmut, Scham oder Verachtung treiben Menschen immer wieder dazu, andere massiv zu verletzen, ja, zugrunde zu richten. Die offene Gewalt einer körperlichen Misshandlung ist nur die spektakulärste, bei weitem nicht einzige Form solchen Vergehens. Wenn ein Kind über Jahre hin so gedemütigt und entwertet wird, dass es ihm später nur mit Mühe gelingt, ein vital unbeschwertes und produktives Leben zu führen, dann schlägt sich diese Misshandlung vielleicht in keinerlei Narben nieder, außer seelischen, aber sie zerstört Möglichkeiten von Glück und Selbstentfaltung. Und wenn ein Kollege von der gesamten Mannschaft so lange ausgeschlossen, verleumdet und gepiesackt wird, bis er sich nur durch Kündigung retten kann, wird auch so eine Existenz ruiniert.

Elementare Vernichtungen wie diese bleiben den meisten Menschen erspart. Aber wir kennen, zumal aus der Kindheit, Situationen, in denen uns Unrecht widerfahren ist, ohne dass sich je ein Mensch dafür bei uns entschuldigt hätte. So wissen wir in der Regel nicht, wie wohltuend das Bekennen eines Fehlers sein kann – für denjenigen, der verletzt wurde, aber auch für denjenigen, der seinen Fehler offen legt.

Verantwortung zu übernehmen für die eigenen Handlungen und Fehler ist ein Prozess innerer Umwälzungen. Wir werden unseren inneren Schweinhunden begegnen, Ängsten, alten Verletzungen und Tabus. Wir werden vermutlich zwischendurch erschrocken sein über uns, über soviel Abgrund – wo wir eine bloß schonende Haltung proklamierten –, Niedertracht und Überheblichkeit. Aber wir werden auch merken, dass all diese verbotenen Regungen zu verstecken viel Energie gekostet hat – und dass der Mut, unsere Fehler und Tricks einzugestehen, Raum für ungeahnte Freiheiten und Kräfte schafft.

Einen Fehler einzugestehen ist ein ganz schlichter – und ein gewaltiger Akt. Biblisch gesprochen geht es darum, die alttestamentarische Devise des „Auge um Auge, Zahn um Zahn“ durch den neutestamentarischen Gedanken der Vergebung zu ersetzen. Erst die Möglichkeit von Vergebung durchbricht den Teufelskreis, den Vergehen und Rache immer wieder aufs Neue in Gang setzen. Vergebung erlöst die Täter von ihrer Schuld und die Opfer von ihrem Hass, von ihrem Drang nach Vergeltung.

Und es ist menschlich zu akzeptieren, dass wir selbst nicht vollkommen sind – und uns dies zu verzeihen.

Einen Fehler einzugestehen ist ein Akt der Demut. Demut angesichts der Fehlbarkeit des Menschen.

Willy Brandts Kniefall in Warschau war Ausdruck dieser Demut. Wortloses Eingeständnis einer unvorstellbaren, monströsen Schuld.

Verzeihen ist Ausdruck von Vertrauen. Vertrauen in die verwandelnde Kraft der Liebe.

Ohne diese Demut und dieses Vertrauen werden wir keine emotionale Kompetenz gewinnen; keine wirkliche Nähe, keine Liebe – und keinen Frieden finden.

VI. Ich bin okay – du bist okay

Emotionale Kompetenz meint die Fähigkeit, eigene Gefühle wahrzunehmen, sie in ihrem Wesen und ihrer Komplexität identifizieren und verstehen zu können. Wenn wir uns emotional kompetent verhalten, machen wir uns die emotionalen Auswirkungen unseres Verhaltens auf andere Menschen bewusst und übernehmen dafür die Verantwortung.

Wie das aussehen kann, haben wir in den vorangehenden Kapiteln gesehen. Die folgenden Seiten werden die wesentlichen theoretischen Gedanken der Transaktionsanalyse erläutern, auf denen Steiners Konzeption von emotionaler Kompetenz beruht.

Zuvor aber sei ein wenig von den Erfahrungen erzählt, die für Claude Steiner – neben Eric Berne einer der Mitbegründer der Transaktionsanalyse (TA) – zum Ausgangspunkt seines Nachdenkens über emotionale Prozesse wurden.

Steiner selbst erzählt in seinen Büchern freimütig von seinem Lebensweg, der ihn auf Umwegen zur Transaktionsanalyse und zu seiner eigenen Konzeption von emotionaler Kompetenz gebracht hat. Interessant ist dieser Weg nicht bloß aus biografischen Gründen, sondern weil Steiners Anleitungen zur Erarbeitung emotionaler Kompetenz direkter Ausdruck seiner eigenen Entwicklung und Neuorientierung sind.

Die Energie erlebten Wandels prägt denn auch die Prinzipien und Präsentation seines Konzepts von emotionaler Kompetenz: Der Mensch kann jeden Tag (neu) damit beginnen. Die Regeln sind einfach, die Wege klar, die Ziele schlicht – der Verwandlungsprozess aber, den sie in Gang setzen, ist gewaltig.

Claude Steiner wurde 1935 als Sohn einer jüdischen Mutter und eines streng christlichen Vaters in Paris geboren. Er lebte in Spanien und Mexiko, bevor er in die Vereinigten Staaten ging, um dort Ingenieurwissenschaften und Physik zu studieren. Als College-Schüler war er, wie er in „Macht ohne Ausbeutung“ schreibt, ganz der Faszination schneller Schlitten erlegen: „Motoren, Benzin, Motorräder und Autos wurden Suchtmittel für mich, und bald pflegte ich denselben Macho-Fahrstil wie die mexikanischen Busfahrer. ... Ich hatte ein hochgetrimmtes Ford-Coupé mit einem V-8-Motor, der jede Menge Luft und Gasolin soff und mir mit seiner Beschleunigung ein Glücksgefühl verschaffte, das ich bei meinem ersten sexuellen Abenteuer immer erwartet, aber nie gefunden hatte. Ich fühlte mich schwach, mochte nicht laufen und mied Sport, wo ich konnte. Aber das Auto machte mich stark und mächtig. Aber im Laufe der Zeit wurde ich unzufrieden mit meiner dinglichen Technik, deren Begrenztheit ich wohl spürte und die trotz aller Meisterschaft meinen Machthunger über Maschinen hinaus nicht befriedigte; ich wollte Menschen und nicht bloß Sachen beherrschen. Folgerichtig wandte ich mich der Psychologie zu. Hypnose! Ich malte mir aus, wie ich andere Menschen – ganz besonders Frauen – hypnotisch unter meine Kontrolle bringen könnte. Dann interessierte ich mich für Psychotherapie. Ich träumte davon, der Doktor zu sein, respektiert, beachtet und verehrt von seinen Patienten. Aus meinen eigenen Erfahrungen als Patient stellte ich es mir herrlich vor, die Rollen zu vertauschen und mit der Macht eines Arztes meine Patienten so zu manipulieren, wie ich es an mir selbst erfahren hatte.

Über die Macht des ärztlichen Berufstandes hinaus interessierte mich dabei noch ein anderer Aspekt: Ich sah mich gerne als Helfer, als weiser und erfolgreicher Berater, der stolz auf sein Handwerk sein konnte. So kam es, dass ich schließlich einen Doktorgrad in klinischer Psychologie erwarb, eine Privatpraxis eröffnete und nach und nach immer mehr dicke Autos, technisches Gerät, immer mehr Geld und mit der Zeit auch immer mehr Frauen zur Verfügung hatte. Mein Selbstgefühl aus Herrschaft und Kontrolle wuchs: Ich hatte mich selbst, mein Schicksal, meine Gefühle, und ich hatte andere Leute in der Hand. Der American Dream war für mich Wirklichkeit geworden."

Doch was war ich für ein Tor! Steiner sagt es nicht so, aber wo immer er über sich in dieser Zeit schreibt, schwingt eine – im Rückblick gewonnene – Fassungslosigkeit mit: „Ich sehe mich in dieser Phase meines Lebens als jemanden, der zwar flüchtige Leidenschaften, aber keine wirklichen Bindungen hatte, der im Umgang mit seinen Mitmenschen wenig Respekt, Reue oder Schuldbewusstsein zeigte. Ich konnte keine dauerhafte Freude empfinden und erinnerte mich an keinen einzigen Traum. Ich weinte nie. Obgleich ich über einen beträchtlichen IQ verfügte, war ich, so muss man es heute sehen, ein emotionaler Idiot."

1958 lernte Steiner Eric Berne kennen, den Begründer der Transaktionsanalyse. Dieses Zusammentreffen wurde für ihn zum Ausgangspunkt einer radikalen Wende in seinem Leben.

Steiner wurde Bernes Schüler, später dessen Kollege und Freund.

Dass er Ende der sechziger Jahre begann, das Konzept der Transaktionsanalyse (s. u. S. 154 f.) zu erweitern durch die Auseinandersetzung mit emotionalen Prozessen, wurde durch die Begegnung mit einem Menschen ausgelöst: 1969 begegnete Steiner der Feministin Hogie Wyckoff, mit der er über Jahre hin zusammenlebte und arbeitete. Das heißt, die Anstöße, die diese Frau ihm inhaltlich gab, waren nicht Ergebnis theoretischer

Diskussionen, sondern praktischer gemeinsamer Erfahrungen und Krisen.

Zusammen mit Wyckoff veröffentlichte Steiner Teile seiner Skript-Theorie, dabei übernahm sie insbesondere die Überlegungen zu geschlechtsspezifischen Faktoren im Prozess der Skriptbildung. Gemeinsam richteten die beiden in Berkeley Kontaktgruppen mit einem speziellen Interesse ein: Den Teilnehmern sollte vermittelt werden, wie die Transaktionsanalyse im Dienste kooperativer Beziehungen eingesetzt werden könnte.

In einer dieser Kontaktgruppen, die sich „Stroke-City – Freiraum zum ungehinderten Ausdruck der Liebe“ – nannte, wurde schließlich der Grundstein zum Konzept der emotionalen Kompetenz gelegt.

Die Gruppe traf sich dreimal wöchentlich. Konkrete Zielsetzung war es, in einer harten und von Konkurrenzkampf bestimmten Welt Wege eines liebevollen und kooperativen Umgangs miteinander zu finden. Dabei stellte sich ein unerwarteter Nebeneffekt ein: Die Teilnehmer verließen die Sitzungen meist mit einem Gefühl von Belebtheit und Zuneigung füreinander. Offenkundig hatten die Übungen eine unmittelbarere Wirkung als den intendierten Trainingseffekt. Sie öffneten die Menschen für die emotionalen Prozesse, die sich in jedem der Beteiligten individuell und zwischen ihnen vollzogen – und führten ganz unmittelbar zu einem überraschenden Wohlgefühl.

Diese Einsicht wurde für Steiner zum Ausgangspunkt des Trainings von emotionaler Kompetenz.

Erwachsen ist die Konzeption von emotionaler Kompetenz mithin direkt aus der transaktionsanalytischen (Gruppen)Arbeit. Steiner ist es dankenswerterweise gelungen, seine Einsichten und Anregungen so zu formulieren, dass sie auch ohne Kenntnis der Transaktionsanalyse verständlich und umsetzbar sind.

Wer aber die theoretischen Hintergründe, insbesondere das Persönlichkeits- und Interaktionsmodell der TA kennt, für den wird das Training emotionaler Kompetenz vermutlich noch fruchtbarer sein. Weil er manche Prozesse besser begreifen wird, zum Beispiel

- warum wir bestimmte selbstschädigende Verhaltensweisen aufrecht erhalten;
- wie das Drama-Dreieck (s. u. S. 126 ff.) unsere Kontakte prägt und
- wie es zu den widerstreitenden Impulsen und Stimmen in uns kommt.

Elemente transaktionsanalytischer Theorie, die dem Konzept der emotionalen Kompetenz zugrunde liegen

Folgende Elemente der Transaktionsanalyse sollen daher im Folgenden vorgestellt werden:

1. Das Modell der Ich-Zustände und deren Auswirkung auf Transaktionen zwischen Menschen
2. Spiele und das Drama-Dreieck: Opfer – Verfolger – Retter
3. Das Skript-Modell

1. Das Modell der Ich-Zustände und wie es unsere Transaktionen bestimmt

Montagmorgen, 6.30 Uhr, der Wecker piept. Durch die halbgeöffneten Augen sehen Sie einen Sonnenstrahl durch den Rollladen blinken: fein, das Wetter ist schön. Das Aufstehen fällt Ihnen trotzdem schwer: zu früh, zu plötzlich. Verschlafen kuscheln Sie sich noch einen Moment unter die Decke, gleiten zurück in Ihren Traum, in dem Sie gerade ...

Jetzt aber: Mit einem Ruck schwingen Sie sich aus dem Bett, wecken auf dem Weg in die Küche Ihre beiden Kinder und beginnen das Frühstück vorzubereiten. Zwischendurch rufen Sie ein paar Mal nach oben: Es wird Zeit, sonst kommt ihr zu spät in die Schule. Nach zehn Minuten – der Frühstückstisch ist inzwischen gedeckt, die Schulbrote sind fertig, oben aber ist es immer noch verdächtig ruhig – toben Sie die Treppe hoch: „Verdammt noch mal, jeden Morgen dasselbe Theater. Wenn ihr nicht sofort aufsteht, ist heute Abend um punkt acht das Licht aus!“

Während Sie noch schimpfen, schellt das Telefon. „Wer in aller Welt ruft um diese Zeit schon an?“ Sie laufen nach unten und denken gerade noch rechtzeitig daran, Ihre Stimmlage wieder abzusenken, damit Sie nicht am Ende einen völlig Fremden am Telefon anfauchen.

Die Autowerkstatt: Sie könnten die Angaben auf der Auftragstüte nicht entziffern, was denn nun an dem Auto zu machen sei? – Ruhig erläutern Sie den Defekt und gehen dann wieder zur Anrichte ...

Innerhalb dieser halben Stunde haben Sie sehr verschiedene Stimmungen durchlaufen. Die TA spricht in solchen Fällen von Ich-Zuständen. Ich-Zustände sind kohärente Gedanken- und Gefühlssysteme, die durch bestimmte, in sich geschlossene, wiederkehrende Verhaltensweisen zum Ausdruck kommen. Jeder Mensch vereint in sich drei solcher Ich-Zustände:

1. Als Sie sich noch mal ins Bett kuscheln und wohlig ihren Fantasien hingeben, handeln sie aus dem **Kind-Ich** heraus.

   Der Kind-Ich-Zustand umfasst Verhalten, Denken, Fühlen, gespeicherte Wünsche, Bedürfnisse und Gefühle verschiedener Entwicklungsstufen unserer Kindheit – ebenso Erfahrungen und selbst entwickelte Überzeugungen über uns, die anderen und die Welt.

2. Als Sie wenig später Ihre Kinder anschreien, weil diese nicht aufstehen, handeln Sie aus dem **Eltern-Ich** heraus.

   Das Eltern-Ich enthält Einstellungen, Wahrnehmungs- und Verhaltensweisen, die Sie von Vorbildern, vor allem Ihren Eltern, übernommen haben.

3. Für das Gespräch mit dem Automechaniker schließlich aktivieren Sie Ihr **Erwachsenen-Ich.**

   Das Erwachsenen-Ich ermittelt aus einer neutralen Position die Realitätsbedingungen und trifft Entscheidungen. Bei der Einschätzung der jeweils aktuellen Situation spielen neben den äußeren Quellen (in unserem Beispiel: Wer ruft an? Was genau will er von mir?) auch die inneren (d.h. das Eltern-Ich und das Kindheits-Ich) eine Rolle. So kann der Ton, mit dem Ihr Erwachsenen-Ich dem Anrufer die notwendigen Informationen übermittelt, von solch einer inneren Quelle bestimmt sein, d.h. entweder strafend (aus der missbilligenden Eltern-Ich-Position: Wie ungehörig, zu solch früher Stunde andere Menschen zu stören) oder nuschelnd („Was willst du denn schon, eigentlich schlafe ich noch" vom Kind-Ich gesprochen) sein.

Jeder Mensch wechselt im Laufe des Tages vielfach zwischen diesen verschiedenen Ich-Zuständen und kann, bei entsprechend geschärftem Bewusstsein, in manchen Fällen sogar gezielt entscheiden, aus welchem Ich-Zustand er reagieren will.

Betrachten wir dazu noch einmal Sabine mit ihrer trödelnden Tochter (vgl. S. 14f.):

Bei Variante 1 handelt eindeutig Sabines Eltern-Ich: Vera wird gescholten und in die Schule gezwungen.

Bei Variante 2 trägt Sabines Erwachsenen-Ich den Notwendigkeiten Rechnung (Vera sollte den Unterricht nicht ohne Not versäumen), sie hat aber ihrem Kindheits-Ich (der Erinnerung, wie sie selbst sich als Kind in solchen Situationen gefühlt hat) ein entscheidendes Mitspracherecht eingeräumt: Vera geht in die Schule, nachdem sie sich emotional hat stabilisieren können.

Sabines Kindheits-Ich hätte gewonnen, wenn sie Vera geantwortet hätte: Ach du, ich bin auch noch so müde. Komm, wir machen uns einen gemütlichen Vormittag und die Schule kann uns gestohlen bleiben.

Wie entscheidend es für den Verlauf eines Gesprächs oder Kontaktes sein kann, aus welchem Ich-Zustand die Beteiligten reagieren, sei kurz anhand des Telefonats mit dem Autohändler demonstriert.

Wenn Ihr Eltern-Ich nicht nur Ihren Ton, sondern auch den Inhalt Ihrer Reaktion bestimmt hätte, wäre Ihre Antwort vielleicht so ausgefallen: „Sagen Sie, haben Sie mal auf die Uhr geschaut!? Was fällt Ihnen ein, mich um diese Zeit anzurufen."

Ihr Gegenüber hat nun die Wahl:

1. Kontert er aus seinem Eltern-Ich, könnte das so aussehen: Was erlauben Sie sich, mich so anzublaffen! Schließlich wollen **Sie** etwas von **mir**. Lernen sie erst mal, sich angemessen zu verhalten!

   Danach suchen Sie sich wohl am besten eine andere Firma für die Reparatur Ihres Autos.

2. Sein Erwachsenen-Ich wird einräumen: Entschuldigen Sie, ich hatte gedacht, dass Sie das Auto so schnell wie möglich wieder haben wollen, deshalb habe ich mich gleich gemeldet. Wenn Ihnen das jetzt noch zu früh ist, dann rufen Sie doch später bei uns an.

3. Sein Kindheits-Ich, dem er allerdings kaum Raum geben wird in diesem professionellen Kontakt, könnte antworten: Sie sind offenbar noch genauso müde wie ich. Furchtbar, wenn man so früh raus muss, nicht wahr? Wissen Sie was: Ich mache jetzt Kaffeepause und wir telefonieren am Nachmittag wieder.

Beim Austausch zwischen den beiden Eltern-Ichs wird es Krach, beim Kontakt zwischen den Erwachsenen-Ichs hingegen ein rasch repariertes Auto geben und bei Verständigung zwischen den Kindheits-Ichs springt vielleicht noch ein Stündchen Schlaf raus.

Schon die wenigen Beispiele machen deutlich, wie entscheidend im Kontakt Weichen gestellt werden, entsprechend der Ich-Zustände, aus denen heraus wir jeweils agieren – und wie aufschlussreich es auch für unsere Selbstwahrnehmung ist, dies zu erkennen.

Dazu bedarf es einer speziellen Aufmerksamkeit. Denn grundsätzlich lassen sich die verschiedenen Ich-Zustände an beobachtbarem, wiederkehrendem Verhalten ablesen. Jeder Mensch wird bei entsprechend wacher Selbstbeobachtung bald die Zeichen für einzelne Ich-Zustände bei sich selbst kennen. Und ein erfahrener Therapeut vermag auch bei seinen Klienten deren je eigene Indizien zu deuten. Da wir uns als Erwachsene im Alltag meist auch als solche präsentieren, dürften vor allem die Einmischungen des Eltern- bzw. Kindheits-Ichs aufschlussreich sein. Das kann, wie im vorangegangenen Beispiel, ein Wechsel der Stimmlage sein:

- Das Eltern-Ich spricht möglicherweise laut, schrill, in unvollständigen Sätzen (Erregung).
- Das Kindheits-Ich kann sich in einer hohen, leisen oder fiepsigen Stimme niederschlagen.

Es können aber auch mimische oder gestische Details sein, in denen die einzelnen Ich-Zustände zum Ausdruck kommen.

Das Eltern-Ich z. B. in gerunzelten Brauen, erhobenem Zeigefinger, in die Hüfte gestemmten Armen oder einem starrem, strafenden Blick etc.

Das Kindheits-Ich u. a. durch einen zu Boden gesenkten Blick, flehende Miene, Fußaufstampfen oder das Wiederaufleben kindlicher Ticks wie Augenkniepen, Spiel mit den Haaren (vor allem bei Mädchen) ständiges Hosehochziehen etc.

Wir reagieren auf solche Signale, auch wenn wir sie nicht bewusst wahrnehmen, geschweige denn mit entsprechenden Ich-Zuständen im Sinne der TA in Verbindung bringen. Wie hilfreich eine geschärfte Wahrnehmung und das dazu gehörende transaktionsanalytische und praktische Wissen sein können, soll noch einmal das frühmorgendliche Telefonat verdeutlichen.

Stellen Sie sich vor, der Automechaniker hätte Sie als Erstes angeherrscht: Sagen Sie, können Sie nicht ordentlich schreiben! Ich habe schließlich was anderes zu tun, als Kunden mit einer Sauklaue hinterher zu telefonieren. Sie können froh sein, dass ich Sie anrufe und Ihren Wagen nicht einfach stehen lasse.

Wahrscheinlich wird angesichts solcher Unverschämtheit spontan alles in Ihnen zum Gegenangriff rufen. Falls Ihr Eltern-Ich dem empörten Mechaniker aber jetzt einen Vortrag über Höflichkeit und die Grundsätze der Dienstleistungsgesellschaft hält, wird Ihr Auto vermutlich heute nicht mehr repariert.

Wenn Sie sich aber mit kleinlauter Stimme fünfmal für ihre Schrift entschuldigen, vor lauter Zerknirschung aber keine brauchbare Beschreibung der zu behebenden Mängel mehr zustande bringen (Kindheits-Ich), stehen die Chancen für den Kurztripp nach Italien am nächsten Tag allerdings auch nicht gut.

Im Dienste Ihres Ziels, das Auto trotz des zornigen Sachbearbeiters abends repariert wieder in der Garage stehen zu haben, empfiehlt es sich, abzuwägen: Sie werden höflich aber bestimmt die Maßregelung zurückweisen, ohne ihrerseits den Mechaniker herunterzuputzen, und dann mit einem Hinweis auf ihren Kundenstatus auf Reparatur des zu erläuternden Schadens dringen.

Der Zugang zu den verschiedenen Ich-Zuständen kann uns mithin – einem Sesam-öffne-dich gleich – hilfreiche Einblicke in die Dynamik reibungsloser und wohltuender oder aber im Gegenteil konfliktreicher, eskalierender oder scheiternder Transaktionen geben.

Wichtig für die Umsetzung dieses Modells ist, sich immer klarzumachen, dass die Ich-Zustände nicht etwa ein Eigenleben führen, sondern Bezeichnungen für ein Reaktionsmuster unserer Person sind. Sätze wie „Mein Kind will Spaß haben" oder „Der Automechaniker spricht mit Ihrem „Erwachsenen-Ich" sind deshalb ungenau: Ich will Spaß haben und gebe deshalb dem Kindheits-Ich Raum, ich will mein Auto rasch repariert bekommen und reagiere deshalb möglichst konstruktiv aus dem Erwachsenen-Ich heraus.

Wer sich selbst eine Weile vor dem Hintergrund dieser drei Ich-Zustände beobachtet hat, wird bald feststellen, dass beispielsweise sein Eltern-Ich ganz unterschiedliche Ausdrucksformen hat. Mal ist es streng und strafend – mal freundlich und fürsorglich. Ebenso ergeht es uns mit dem Kindheits-Ich: Wenn Sie sich morgens noch einmal für einen Moment unter die Decke kuscheln und ihren Träumen nachhängen, reagieren Sie frei auf ein spontanes Bedürfnis. Wenn Sie mit eingezogenen Schultern oder zitternd vor unterdrückter Wut vor Ihrem Chef stehen, kommen Ihre angepassten Kindheits-Anteile zum Vorschein.

Die TA unterscheidet denn auch zwischen dem kritischen und dem nährenden Eltern-Ich sowie dem freien und dem angepassten Kind-Ich, das Erwachsenen-Ich ist ungeteilt.

Intuitiv wissen wir alle von solch unterschiedlichen Anteilen in uns und richten unsere Praxis an diesen Möglichkeiten aus. So kann ich beispielsweise einen anderen Menschen um Zuwendung bitten, indem ich sein Kind-Ich anspreche („Spiel mit mir") oder sein Eltern-Ich („Gib mir Anerkennung"). Wende ich mich mit meinem Bedürfnis nach Zuwendung an das Eltern-Ich eines Kollegen, kann ich an dessen fürsorgliche Anteile appellieren („Bring mir doch bitte auch ein Brötchen mit aus der Bäckerei“) oder mich an dessen kritisches Eltern-Ich richten („Guck dir doch mal bitte diesen Text an und sag mir, warum er nichts taugt“).

Das wirkt vielleicht kompliziert und manche Leser mögen diese Seiten unwillig überblättern. Ein Verständnis und die Ausbildung von emotionaler Kompetenz ist ihnen dadurch nicht grundsätzlich verstellt. Aber gerade in den ersten beiden Stufen des Erwerbs von (mehr) emotionaler Kompetenz – beim Austausch von Zuwendung („Das Herz öffnen“) und der Erkundung der emotionalen Landkarte – wird es in vielen Fällen hilfreich sein, das Wissen um die drei Ich-Zustände und deren Funktionsweisen mit einzubeziehen. Diejenigen, die mit Lust und Neugier den komplizierten Verästelungen in menschlichen Kontakten folgen, werden mithin von dem differenzierten Persönlichkeitsmodell der TA als einem griffigen Analyseinstrumentarium profitieren.

2. Spiele: Das Drama-Dreieck: Retter – Verfolger – Opfer

„Spiele der Erwachsenen“ lautet der deutsche Titel des Buches, mit dem Eric Berne 1967 weit über den amerikanischen Raum hinaus bekannt geworden ist. Spiele, so Berne, sind „eine Folge von Transaktionen mit einem Schwindel“. Das heißt, dass die Beteiligten mit verdeckten Motiven handeln. Die wesentlichen Merkmale solcher Spiele sind:

1. Spiele laufen immer gleich ab.
2. Spiele laufen unbewusst, teils auch vorbewusst, ab. Die Motive sind dem Erwachsenen-Ich der Handelnden nicht

zugänglich. Das führt dazu, dass einer oder mehrere der am Spiel Beteiligten am Schluss verwirrt ist/sind. („Was genau ist hier eigentlich gelaufen?" „Warum gerate immer ich in solche Konstellationen?" etc.)

3. Spiele bringen eine Folge von verdeckten Transaktionen zwischen den Spielern mit sich. Das heißt, auf der psychischen Ebene läuft etwas anders ab als auf der sozialen Ebene.

Die bevorzugten Spiele eines Menschen sind entscheidend dafür, welche Beziehungen er eingeht. Spielt ein Mann beispielsweise am liebsten das Spiel „ich bin der große Zampano", wird er vorwiegend Menschen an sich binden, die gern andere bewundern.

Ist eine Frau gewöhnt, das „Ich werde dich auf jeden Fall retten" zu spielen, wird sie jede Menge Mühselige und Beladene an sich binden, etc.

Damit sind wir bei einem der gängigsten Spiele zwischen Menschen, dem sogenannten Drama-Dreieck.

Das Drama-Dreieck sieht drei Positionen vor:
- Den Verfolger/die Verfolgerin
- Das Opfer (Objekt)
- Den Retter/die Retterin

Sie erinnern sich an den Teller, den Wolfgang beim Abendbrot runtergeschmissen hat? Vater brüllt, Mutter wischt die Scherben auf, Wolfgang zieht die Schultern ein. In dem Spiel kennt jeder seine Rolle im Schlaf. – Typisch ist denn auch der weitere Verlauf: Frau Maier wechselt von der Retterinnen-Rolle in die des Angreifers. Häufig werden RetterInnen zu VerfolgerInnen genau der Menschen, die sie gerade noch gerettet haben. So könnte Frau Maier ihren Sohn unmittelbar, nachdem sie die Scherben aufgekehrt hat, anherrschen: „Das ist ja mal wieder typisch. Du machst den Teller kaputt und ich muss mich um den Dreck kümmern!“ Dieser Angriff wäre deshalb besonders gemein, weil Wolfgang zu diesem Zeitpunkt schon gar keine Möglichkeit mehr hat, die Folgen seines Missgeschicks selbst zu beseitigen. – Aber in dem Fall bleibt er verschont, weil Frau Maier schon einen Ärger auf ihren Man aufgestaut hat, den sie jetzt rauslässt. Dadurch wird der Angreifer Herr Maier unversehens zum Opfer. Je nachdem, wie die Fronten und Bündnisse in der jeweiligen Familie verlaufen, wäre es denkbar, dass sich nun der Sohn auf die Seite seines Vaters schlägt, obwohl er sich eigentlich am liebsten aus dieser unguten Situation herausstehlen würde. Wenn Wolfgang aber nun einwürfe: „Papa kann doch nichts dafür, war doch wirklich blöd, dass ich den Teller runtergeschmissen habe“, könnte dies die Eintrittskarte für seine Schwester werden, etwa so: „Du schmeichelst dich doch jetzt nur ein, weil du willst, dass Papa zum Fußball geht und dich mitnimmt. Dann ist das Auto weg und ich kann sehen, wie ich mit Steffi zum Übungsplatz für's Inlinern komme. Ich finde, Mama hat ganz recht, wenn sie Papa vorwirft, dass er immer nur seine Interessen verfolgt am Wochenende.“

Als Fortsetzung dieses Rollenwechselspiels lassen sich unzählige Varianten fantasieren. Abendfüllende Streitgespräche ergeben sich nicht selten daraus, in denen jeder seinen Müllsack auspackt und am Ende alle frustriert sind.

Im Beispiel der Maiers sind die Rollen und die Wechsel zwischen den Position leicht zu verorten. Leider ist die Verteilung im Alltag nicht immer so offenkundig – das hat zur Folge, dass wir immer wieder aufs Neue in entsprechende Transaktionen geraten. Oft bedarf es einer sehr gründlichen Betrachtung, um die komplizierten und teils diffusen Prozesse aufzudröseln, in deren Verlauf wir uns im Drama-Dreieck verheddern.

Das alles wirkt kompliziert – und ist es auch. Aber vielleicht kann man dergleichen vertrackte Verstrickungen und ihre Analyse auch ein Stück weit sportlich betrachten: Sie fordern uns heraus, uns selbst auf die Schliche zu kommen. Der Gewinn ist mehr Klarheit und Selbstbestimmung, in vielen Situationen außerdem wachsende Nähe zu den Menschen, denen wir bisher im Kontakt nur als Spielfiguren begegnet sind, d. h. ohne die Chance zu wirklicher Nähe.

Hartnäckig und hinterhältig in Bestand und Wirkung ist das Drama-Dreieck vor allem dadurch, dass zwar die Verfolgerrolle allgemein negativ beurteilt wird, die Retter- und Opferrollen aber gesellschaftlich akzeptiert sind. Mehr noch – der rettende Helfer, der hilfsbereite Nachbar, die aufopferungsvolle Mutter, die selbstlose Krankenschwester, all die Florence Nightingale-, Mutter Teresa- und Robin Hood-Gestalten, auf deren (Selbst)-Ausbeutung Teile unseres Sozialsystems beruhen, unterstützen das Bild der „guten Retter und Ritter" – und zementieren damit eine Struktur, die Menschen in Hilflosigkeit, Wehrlosigkeit und all den anderen vielen Formen der Opferposition verharren lässt.

Damit sollen, um Missverständnisse zu vermeiden, nicht ehrenamtliches Engagement, Bürgerbeteiligung oder Hilfsbereitschaft generell entwertet werden. Aber der Slogan von der Hilfe zur Selbsthilfe sollte dabei immer als Orientierung dienen.

Wenn Ihre Tochter in der ersten Klasse morgens in Eile ist und Sie bittet, ihr beim Binden der Schnürsenkel zu helfen, ist das okay. Aber spätestens beim dritten Mal wäre an eine Sonderlektion Schuhebinden nachmittags in Ruhe zu denken, um das nicht zum Ritual und Ihre Tochter unselbstständig werden zu lassen.

Weil die Opferposition aus Hilflosigkeit zwar eine bequeme, aber auch gefährliche ist.

Erstens kann der Retter bzw. die Retterin seine/ihre Unterstützung versagen und das Opfer so unsanft auf seine Abhängigkeit hinweisen.

Zweitens können Retter unversehens zu Angreifern werden – weil das Opfer nicht dankbar genug ist oder ihnen die rettenden Aufgaben plötzlich nicht mehr gefallen.

Aber nicht nur die Opfer zahlen einen Preis in diesem Dreieckspiel, auch die Retter. Sie haben zwar den Gewinn von Macht, Kontrolle, gelangen oft auch zu gesellschaftlicher Anerkennung. Aber sie verlieren ihre eigenen Bedürfnisse aus dem Blick, tricksen sich selbst aus und laufen zudem Gefahr, dass ihre Opfer, sobald diese den Mechanismus des Spiels durchschauen, ihrerseits zu Anklägern werden.

Der Verfolger schließlich ist zwar in einer überlegenen Position – er greift andere an, kritisiert, entwertet oder bedroht sie – er muss aber beständig damit rechnen, dass seine Opfer die erste Gelegenheit ergreifen werden, den Spieß umzudrehen. Eine machtvolle, exponierte, aber auch ungemütliche Position mithin.

Transaktionen im Drama-Dreieck sind meist ritualisiert und unproduktiv. Auch die Position, die wir jeweils einnehmen, ist in der Regel nicht situationsabhängig gewählt, sondern eingespielt, Teil eines umfassenden Plans, den sich – der transaktionsanalytischen Theorie zufolge – jeder von uns für sein Leben entworfen hat: dem Skript.

3. Das Skript-Konzept

Zusammen mit dem Strukturmodell, den Transaktionen und der Spiele-Theorie bildet das Skript-Konzept das Herzstück der transaktionsanalytischen Theorie. Eric Berne hat den Gedanken vom Skript in den sechziger Jahren mit seinen Mitarbeitern – darunter vor allem Claude Steiner, der dem Skript ein ganzes Buch gewidmet hat – ausgearbeitet. Unter einem Skript versteht die TA einen Lebensplan, den der Mensch sich in seiner Kindheit für das eigene Leben zurechtlegt. Basis dieser grundsätzlichen Entscheidungen sind die eingeschränkten kindlichen Wahrnehmungen der Realität und die daraus erwachsenden Rückschlüsse.

Was ist damit gemeint?

Je jünger ein Kind ist, desto unfertiger ist seine innere Struktur. Das hat zur Folge, dass das Kind Botschaften, die es von seinen wichtigsten Bezugspersonen (in der Regel den Eltern) empfängt, nach den Regeln seiner eigenen, kindlichen „Logik" versteht und verarbeitet.

So können Eltern, die als Kinder selbst zu kurz gekommen sind, ihr Kind als Konkurrenz erleben. Weil es etwas von ihnen verlangt, was sie selbst nicht bekommen haben. Eine Mutter beispielsweise, die als Kind unter chronischem Zuwendungsmangel gelitten hat, wird die ausgestreckten Arme ihres Säuglings möglicherweise unbewusst als Zumutung, ja Bedrohung wahrnehmen. Etwas in ihr empört sich gegen das kindliche Verlangen. Ohne es zu bemerken, versagt sie ihrem Kind die Zuwendung, die ihm eigentlich zusteht.

Das Kind kann solch komplexe Zusammenhänge natürlich nicht begreifen, sondern erlebt einfach einen Mangel an Zuwendung. Den deutet es kindlich-intuitiv, mit seinem „kleinen Professor", (s. S. 157) vermutlich so, dass etwas mit ihm nicht stimmt, sonst würden die Eltern es ja lieben. Ist dieser Zustand chronisch, wird das Kind eine Vorstellung über sich entwickeln, die zu der Situation in der Familie passt, zum Beispiel:

„Ich bin nicht liebenswert."

Damit ist die Grundlage für den inneren Lebensplan – das „Drehbuch" – gelegt.

Später kann ein solches Drehbuch dazu führen, dass der erwachsene Mensch Beziehungssituationen immer so umdeutet oder durch Besetzung von unbewussten Spielpositionen –

innerhalb des Drama- Dreiecks, s. S. 126ff. – so gestaltet, dass sie zu seinem Plan (Skript) passen. Es kann sogar soweit gehen, dass er sich immer wieder unbewusst Menschen aussucht, die dieses Bild verstärken.

So kann ein Junge, der schon früh in der Familie Verantwortung übernehmen musste, etwa, weil die Mutter bettlägerig und der Vater ganztags außer Haus ist, vermutlich später einen Beruf ergreifen, in dem er für andere da sein muss bzw. darf. Die Wahrscheinlichkeit einer solchen Reaktion ist dann besonders groß, wenn Hilfsbereitschaft für ihn der einzige Weg war, Anerkennung zu bekommen. Er wird in der Folge auch privat vorwiegend Beziehungen knüpfen, in denen er als Retter fungiert. Er wird, wenn er das Muster nicht durchbricht, ein immer perfekterer Retter werden (der vermutlich tief vergraben eine wachsende Wut auf all die Opfer hat, die er versorgt). Selbst wenn er diese Tendenz ahnt und versucht, Kontakte zu knüpfen, die eine andere Rollenverteilung versprechen, wird er sich unversehens doch immer wieder in der gleichen Rolle wiederfinden.

Alle Versuche, es anders machen zu wollen, enden mit der Erfahrung, dass das Drehbuch sich nicht einfach umschreiben lässt. Wie der Hauptakteur einer Theatertruppe zieht dieser Mensch von Bühne zu Bühne und spielt doch immer das gleiche Stück.

Wir Menschen haben – wissenschaftlich erwiesen – zentrale Grundbedürfnisse – nach Nähe, Autonomie (Selbstbestimmung), Selbstwertbestätigung sowie körperlichem und seelischem Wohlbefinden. Wenn es hier zu Beeinträchtigungen kommt, weil

- einem Kind Nähe zu seinen Bezugspersonen aufgezwungen oder aber im Gegenteil verweigert wird;
- Kinder zu früh Verantwortung übernehmen müssen oder aber ihnen keine bzw. zu wenig Selbstständigkeit zugetraut wird;

– Kinder nicht ausreichend beachtet, vernachlässigt oder gar misshandelt werden;

werden solche Kinder unweigerlich destruktive Schlussfolgerungen ziehen.

Das negative Selbst-Bild, das dabei entsteht – und in unseren neuronalen Netzen abgespeichert wird –, kann im späteren Leben als „kritisches Eltern-Ich“ laut werden. Sobald eine Situation Erinnerungen an frühere destruktive Erfahrungen wachruft, beginnt er seine Attacken in Form entwertender, zerstörerischer Botschaften.

Allerdings vermitteln Eltern ihren Kindern meist auch Strategien oder Verhaltensweisen, wie sie trotz negativer Verfügungen einigermaßen gut durch's Leben kommen können. Die gesamte Botschaft kann im obengenannten Beispiel dann lauten: Du bist nicht liebenswert, aber solange du dich anstrengst und es anderen recht machst, kommst du vielleicht davon.

Diese flankierenden Anweisungen nennt man in der TA Gegenverfügungen. Sie wirken meist als so genannte Antreiber und vervollständigen das innere Drehbuch mit Möglichkeiten, die destruktiven Grundbotschaften abzumildern. Allerdings haben sie ihrerseits gleichzeitig eine negative Wirkung, weil nämlich eigene, wirkliche Bedürfnisse der Betroffenen um der Antreiber willen vernachlässigt werden.

Oft lebt ein Elternteil dem Kind auch noch vor, wie man ein Skript mit zwei solchen miteinander verknüpften Botschaften in die Praxis umsetzen kann.

So hat das Kind in unserem Beispiel die Botschaft verinnerlicht, nicht liebenswert zu sein. Dies ist eine verzweifelte Position, die lebensnotwendige Zuwendung verhindert. Zugleich war sie offenbar die einzige Möglichkeit, einen Platz zu finden in der emotional defizitären Konstellation und Dynamik seiner Ursprungsfamilie.

Vermitteln ihm seine Eltern nun ergänzend, dass man dennoch im Leben bestehen kann, wenn man sich immer anstrengt oder es anderen recht macht, kann der Betroffene solange seine destruktive Grundbotschaft abwehren, wie er sich – seine eigenen Bedürfnisse verleugnend – diesen Antreibern fügt. Versucht er diese Anpassung aufzugeben, wird die Grundbotschaft wieder wirksam.

Für das Dilemma, im Grunde nur zwischen zwei gleichermaßen bedrohlichen Übeln wählen zu können, finden sich in der Odyssee des Homer die berühmten Seeungeheuer Skylla und Charybdis, die zum geflügelten Wort geworden sind: Irgendwann auf ihrer verschlungenen Reise können sich Odysseus und seine Gefährten nur mehr zwischen zwei Todesarten entscheiden: Auf der einen Seite der Meerenge gähnte der furchtbare Strudel Charybdis und in einer Höhle auf der anderen Seite hauste ein Monster namens Skylla. Jeder ihrer sechs schlangenartigen Köpfe baumelte an einem langen Hals. Am liebsten aß sie Seeleute, die sie mit ihren spitzen Zähnen oder ihren 12 Tentakeln vom Schiffdach wegschnappte. – Der Tod war den Reisenden, die es an diese Meerenge verschlug, mithin gewiss – anschaulicher, drastischer lässt sich die psychische Bedrängnis von Menschen, die zwischen einer negativen Skriptbotschaft und einem erbarmungslosen Antreiber zerrieben werden, wohl kaum erfassen.

Nun könnte bei dieser Beschreibung der Eindruck entstehen, Eltern würden ihrem Kind bewusst und gezielt solch negative Botschaften vermitteln. So ist es natürlich nicht! Im Gegenteil: Die meisten Eltern sind am Wohl ihrer Kinder interessiert – wenn es auch immer wieder Fälle gibt, wo Kinder unter katastrophalen Bedingungen aufwachsen müssen.

Viele Eltern haben aber ihrerseits negative Erfahrungen mit anderen Menschen gemacht und daraus ihre Rückschlüsse gezogen. Wenn diese nicht in irgendeiner Weise innerlich gut verarbeitet werden konnten, werden sie oft auf unglückliche Weise an die nächste Generation weitergegeben.

Außerdem können Eltern während der Kindererziehung in eine persönlich schwierige Situation geraten, z. B. durch eine Krise in der Partnerschaft, im Beruf, durch Krankheiten oder Todesfälle. Kinder können – wie gesagt – die Zusammenhänge nicht adäquat verstehen, die dazu führen, dass in solchen Situationen möglicherweise eine Beeinträchtigung für sie unvermeidlich ist. Sie erleben nur den Mangel und treffen „zu früh" prägende Entscheidungen, wie sie sich selbst, andere Menschen und die Welt erleben.

Natürlich werden auch positive Botschaften – Erlaubnisse, Liebe, Zuwendung u. Ä. – vermittelt und verinnerlicht, sonst würden wir nicht überleben. Es sind aber leider die beeinträchtigenden Botschaften, die uns oft am meisten beeindrucken und haften bleiben.

Das hat letztlich biologische Gründe. Ein Mangel an Versorgung und Zuwendung kann für einen Säugling (Todes)Gefahr bedeuten – entsprechend tief, d. h. alarmierend, werden solche Signale gespeichert.

Wenn Menschen erkennen – durch Selbsterfahrung oder in einer Therapie –, welche Botschaften sie verinnerlicht und welche Schlussfolgerungen sie daraus gezogen haben, verstehen sie eher, in welchen zwischenmenschlichen Verwicklungen sie leben. Und dass diese Verstrickungen die Konsequenz früher Mangelsituationen und kindlicher Fehlentscheidungen sind, die sie getroffen haben. Dass sie also in bestimmten (quälenden, sich wiederholenden) Konstellationen früh erworbene und verinnerlichte Muster solcher Mangelsituationen aufrechterhalten.

Das Konzept der Emotionalen Kompetenz setzt hier an. Wir können unsere Geschichte nicht umschreiben. Aber wir können lernen, unsere alten destruktiven Muster zugunsten einer befriedigenden Beziehungsgestaltung aufzugeben. Die Beschäftigung mit dem eigenen Skript kann dabei wichtig werden, weil sie uns:

- die Hintergründe unserer destruktiven Erfahrungen und negativen Stroke-Bilanz zugänglich macht;
- die Attacken des sogenannten „kritischen Eltern-Ichs" transparent werden lässt und dadurch dessen Einfluss mindert;
- negative Vorbilder für den Umgang mit Zuwendung und Gefühlen herausarbeitet;
- verständlich macht, wie Antreiber uns an die Erfüllung eigener emotionaler Bedürfnisse erschweren oder versagen.

Das Bemühen um emotionale Kompetenz, die Erfahrung, wie Gefühle im Hier und Jetzt als Werkzeug im Dienste wohltuender Kontakte eingesetzt werden können, wird uns früher oder später mit den negativen Auswirkungen unseres Skript-Konzepts konfrontieren.

Emotional kompetent mit sich und anderen umzugehen bedeutet in diesem Zusammenhang, die einengenden, oft destruktiven Strukturen des Skripts durch einen dynamischen Umgang mit der Vielfalt tatsächlicher Gefühle und emotionaler Verbindungen zu ersetzen. So kommt auch auf dieser Ebene ein Zuwachs an emotionaler Kompetenz sowohl Ihren Interaktionspartnern wie auch Ihnen selbst zugute.

VII. Essentials: Zur Praxis emotionaler Kompetenz im Alltag

Wer sein Leben an den Grundsätzen von Steiners Konzept orientiert, wird neue Dimensionen der eigenen Person, seiner Beziehungen und der Liebe entdecken. Er wird in ungewohnt offenen (beglückenden und mühsamen) Austausch mit anderen Menschen treten, die alltäglichen sowie die elementaren Freuden und Leiden intensiver erleben.

Emotionale Kompetenz ist eine Frage der Praxis, des täglichen Übens. Dabei sind folgende Grundregeln zu beachten:

Der kooperative Vertrag

Emotionaler Austausch ist nur möglich, wenn das Umfeld an ehrlichen Gefühlen interessiert ist. Um eine solche Umgebung zu schaffen, ist ein sogenannter kooperativer Vertrag hilfreich. Natürlich können Sie nicht mit allen Menschen in Ihrem sozialen Umfeld einen (kooperativen) Vertrag schließen. Aber Sie können die Regeln des kooperativen Vertrags für sich selbst verbindlich machen. (Eine Grenze für die Gültigkeit dieser Regeln sind Fremd- oder Selbstschädigung!) Das heißt:

Keine Machtspiele (power plays)! Keine Lügen oder Rettungen!

Anstelle von **Power Plays** fragen wir offen nach dem, was wir wollen, bis wir zufrieden sind – und tun nichts, was wir nicht wollen (Rettung). Stattdessen verhandeln wir jede Situation, bis sie zu einem für alle Beteiligten freiwilligen und befriedigenden Konsens gekommen ist.

Lügen sind Falschaussagen, die wir dem anderen ins Gesicht sagen, eine Lüge ist aber auch das Verschweigen von Informationen (zum Beispiel über das, was wir wollen oder fühlen).

Rettungen geschehen immer dann, wenn jemand
a) etwas macht, was er/sie nicht will oder
b) mehr macht, als ihr/sein angemessener Anteil ist.

Um Erlaubnis fragen

Für den Erwerb von emotionaler Kompetenz im Rahmen von Gruppen, Workshops etc. schreibt Steiner vor, dass der Adressat einer Äußerung – Anerkennung, Gefühl, Intuition o. Ä. – vorher um Erlaubnis gefragt werden sollte. Das lässt sich nicht einfach auf Alltagssituationen übertragen. Bitten Sie um Erlaubnis immer dann, wenn es geht („Ich möchte dir gern ein Kompliment machen, eine Befürchtung, Kritik äußern etc. Hast du Lust, Ruhe, die Stimmung etc., um zuzuhören?“) – gegenüber dem Partner, den Kindern, Eltern etc. Versuchen Sie sonst, bevor Sie etwas sagen, zu ermitteln, ob Ihr Gegenüber für Ihre Äußerung offen ist, offen sein kann. – Mit der Zeit werden Sie sich ein Repertoire zurecht gelegt haben, mit dem Sie sich der Offenheit und Bereitschaft des anderen versichern können, ohne dass es peinlich wirkt. – Sinn der Erlaubnisregel ist, sich immer bewusst zu machen, dass man mit jeder Äußerung den Schutzraum eines anderen Menschen betritt und dass dieser nicht immer bereit oder in der Lage ist, das zu tolerieren!

1. Stadium: Das Herz öffnen

Seien Sie großzügig mit Zuwendung – anderen Menschen und sich selbst gegenüber.

Sagen Sie Ihrem Gegenüber, wenn Ihnen etwas gefällt, imponiert, wohl tut, etc. Auch wenn es Kleinigkeiten sind: Eine neue Frisur der Nachbarin. Eine freundliche Behandlung an der Supermarktkasse. Oder wenn die Kinder den Abendbrottisch zum ersten Mal wirklich ganz abgeräumt haben. Eigentlich sollten sie das Ihrer Meinung natürlich schon seit einem Jahr – immer. Aber es hat nie geklappt – bis heute. Kein „Na, endlich!“ – Wen freut das schon? – sondern ohne Unterton: Es ist schön, dass ihr den Tisch heute Abend ganz und gar leer geräumt habt. Danke!“

Sagen Sie Ihrem Gegenüber, wenn Sie sich ein Lob oder Zuwendung wünschen.

Sagen Sie Ihrem Gegenüber auch, wenn Ihnen eine Zuwendung nicht wirklich wohl tut. Bitten Sie, wenn es geht, um eine andere. („Es ist lieb, dass du so oft meine Kochkünste lobst. Aber heute hätte ich mich, ehrlich gesagt, noch mehr gefreut, wenn du mein neues Kleid bemerkt hättest.“)

Sagen Sie es sich selbst, wenn Sie etwas Gutes gemacht haben. Eigenlob stinkt nicht! Es gibt vielleicht Phasen oder Konstellationen in Ihrem Leben, da sind Sie der oder die einzige, die Ihnen Zuwendung geben kann. Scheuen Sie nicht aus falscher Scham davor zurück. Sich selbst zu loben bedeutet Kraft, die uns zusteht.

Vergessen Sie nie, dass bei allen Veränderungsprozessen Sie selbst die Person sind, auf deren Verhalten Sie am ehesten Einfluss haben. Ob andere uns mehr Zuwendung geben, das können wir nur begrenzt beeinflussen. Die Zuwendung, die wir uns selbst geben, ist uns gewiss.

Und die Zuwendung, die wir anderen geben, wird meist in irgend einer Form als Zuwendung wieder zu uns zurück kommen.

2. Stadium: Die emotionale Landkarte erkunden

In diesem Prozess geht es darum, einen produktiven Umgang mit Gefühlen, Wahrnehmungen, intuitiven Eindrücken, Vermutungen, Fantasien etc. zu entwickeln.

Wenn sich im Umgang mit anderen Menschen
- ein Gefühl in Ihnen festsetzt (was er sagt, macht Sie zornig),
- Sie etwas wahrzunehmen glauben (er erzählt zwar Witze, wirkt auf Sie aber traurig) oder Sie
- eine Vermutung haben (er redet nicht mit mir, weil er sich ärgert, dass ich beim Schachspiel meist gewinne)

sollten Sie dies **nicht** (wie vermutlich gewohnt) mit einem „ach was" beiseite schieben – sondern dem erst mal **selbst nachgehen,** die Gefühle oder Eindrücke zu erfassen versuchen und, wenn irgend möglich, zu einem günstigen Zeitpunkt dem jeweils anderen gegenüber **ansprechen.**

Bei der Verbindung von Aktion und Gefühl („was er sagt, macht mich zornig") könnte das so aussehen:

„Als du deinen Anruf mit der Bemerkung eingeleitet hast, du habest eigentlich gar nicht wirklich Zeit zum Telefonieren, habe ich mich über deinen Anruf plötzlich gar nicht mehr gefreut, sondern wurde wütend."

Der Adressat nimmt diese Aussage erst einmal als Information entgegen („Als ich gleich zu Beginn meines Anrufs mit einer Entschuldigung kam, habe ich dich erzürnt") ohne sich zu verteidigen. (Im späteren Verlauf des Gesprächs kann dann sehr wohl deutlich werden, dass der Anrufer mit der Ankündigung vorgeprescht war, um den Angerufenen nicht später durch einen unvermittelten Abbruch des Telefonats zu verletzen. Dass er im Bemühen, dem Affront zu entkommen, genau das Gegenteil von dem bewirkt hat, was er intendierte, mag ihn zu der Einsicht bringen, dass sich diese Art eingezwängtes Telefonat mit diesem Menschen nicht empfiehlt.)

Unsere intuitiven Wahrnehmungen und Fantasien sind ein wichtiger Faktor in der Gestaltung unserer Kontakte und Beziehungen. Leider haben die meisten von uns gelernt, solche – anfangs oft nur diffusen – Gefühle, Vermutungen etc. zu ignorieren. Menschen, die „das Gras wachsen hören" bzw. „aus einer Mücke einen Elefanten machen" – so zwei häufig geäußerte Vorbehalte gegenüber dieser Art von Feinfühligkeit und Genauigkeit – gelten als anstrengend, schwierig etc. Vergessen Sie solche abwiegelnden Klischees. Tatsächlich sind intuitive Wahrnehmungen, Ahnungen oder Befürchtungen eine aufschlussreiche und spannende Quelle von Informationen über uns selbst und den jeweiligen Kontakt. In aller Regel enthalten sie ein **Körnchen Wahrheit!** Um dieses zu finden, müssen Sie Ihre Gefühle oder Vermutungen **aussprechen.**

Die Äußerung einer intuitiven Wahrnehmung und damit verbundenen Fantasie („Du erzählst hier zwar dauernd Witze, aber du wirkst, ehrlich gesagt, eher traurig auf mich") gibt nämlich dem anderen die Chance, etwas über sich zu erfahren. Seine Aufgabe ist es daher, zu prüfen, ob es „ein Körnchen Wahrheit" in dieser Wahrnehmung gibt – ohne sich zu verleugnen oder zu verteidigen!

Gemeinsam mit Ihrem Gegenüber werden Sie so im Gespräch ermitteln, inwieweit Ihre Intuition für den anderen zutrifft, inwieweit sie etwas über Ihre eigenen Gefühle aussagt (Sie beispielsweise beim anderen eine Traurigkeit vermuten, die tatsächlich Sie selbst spüren – die Psychologen sprechen hier von Projektion) und inwieweit Ihre Fantasie auch einfach gar nicht zutrifft.

Wichtig ist, dass solche Gespräche nicht von Wertungen, Vorurteilen, Abwiegelungsstrategien o. Ä. blockiert oder verfälscht werden. Offenheit und größtmögliche Ehrlichkeit sind Voraussetzung dafür, dass die „Erkundung der emotionalen Landkarte" ein produktiver, lehrreicher **und** wohltuender Prozess wird.

3. Stadium: Verantwortung übernehmen

Scheuen Sie sich nicht, Fehler einzugestehen!

- Kleinigkeiten wie einen misslungenen Milchreis („Sorry, ist mir unten etwas angebrannt“)
- Ungerechtigkeiten wie eine unfaire Reaktion („Es tut mir leid, ich war wegen einer anderen Angelegenheit sauer und habe dich deshalb zu hart bestraft“)
- eine Lüge („Ich habe dich angelogen gestern. Ich hatte gar keinen Besprechungstermin, sondern war einfach mit Klaus ein Bier trinken“) oder
- eine Rettung („Ich habe zwar die Spülmaschine ausgeräumt, als du mich darum gebeten hast, ich hatte aber tatsächlich gar keine Lust dazu. Infolgedessen bin ich jetzt wütend über dich, wozu du eigentlich nichts kannst“)
- Bekenntnis eines Verrats („Ich habe dir all die Seminarwochenenden vorgetäuscht, ich habe schon seit einem Jahr eine Beziehung zu einer Kollegin, mit der ich dann verreist bin“).

Besonders das letzte Beispiel macht deutlich, wie schwer es uns fallen wird, manche Fehler einzugestehen. Aber wenn wir wirklich emotional kompetent miteinander umgehen wollen, führt kein Weg an einer Entschuldigung

- „Ich entschuldige mich, dass ich dich gerettet habe und werde versuchen, das nächste Mal ehrlich zu sein. Akzeptierst du meine Entschuldigung?“

und/oder Bitte um Vergebung

- „Ich entschuldige mich für meine unfaire Äußerung, die ich bedaure. Kannst du mir vergeben?“

vorbei.

Die Aufgabe des Gegenübers ist in solchen Situationen, die Information (Offenheit) des anderen entgegen zu nehmen,

- „Ich habe verstanden, dass du gelogen, mich gerettet etc. hast“

seine Entschuldigung zu akzeptieren bzw. zurückzuweisen

- „ich nehme deine Entschuldigung an/ich kann deine Entschuldigung im Augenblick (noch) nicht akzeptieren“

und Vergebung zu gewähren oder zu verweigern

- „Ich verzeihe dir/ich kann dir im Augenblick (noch) nicht vergeben.

Wird die Entschuldigung oder die Bitte um Verzeihen zurückgewiesen, kann unter Umständen eine andere Formulierung oder Ergänzung dieses Anliegens erbeten werden, die ein wirkliches Verständnis zwischen den Beteiligten herbeiführt.

Das dritte Stadium ist das schwierigste. Aber wenn Sie sich darauf einlassen, werden Sie erleben dass

- sobald Sie die Gefühle des Gegenübers (Enttäuschung, Wut, Verachtung etc.) akzeptieren und aushalten, eine neue Form von Offenheit und Nähe möglich wird – manchmal allerdings erst nach einer langen Zeit der Krise;
- Sie selbst sich zwar unter Umständen schlecht, zugleich aber auch befreit fühlen. Einen Fehler, den wir selbst als solchen erkannt haben, nicht einzugestehen, schützt zwar unser Selbstbild, unsere Eitelkeit, die Verleugnung kostet aber auch Energie – weil wir etwas nach unten drängen, das eigentlich raus will!

Wenn der Urheber eines Fehlers nicht feststeht, dann versuchen Sie – insbesondere im Kontakt mit Kindern – **nicht als erstes**, den (vermeintlich) Schuldigen zu ermitteln, sondern den Prozess zu rekonstruieren, durch den es zu dem Missgeschick kam. („Wann wurde der City-Roller, Hausschlüssel, Turnbeutel etc. zum letzten Mal benutzt, wo könnte er vergessen worden sein?“) Dieses Vorgehen vermittelt den Kindern – ebenso wie die Erfahrung, dass Sie selbst sich offen entschuldigen – einen Eindruck, worum es bei einem Fehler geht, nämlich

a) ihn deutlich zu machen, damit er künftig vermieden werden kann, und
b) ihn als das zu erkennen, was er ist: ein punktuelles Fehlverhalten, das jedem unterlaufen könnte!

Und so schwer es Ihnen auch manchmal fallen mag: Suchen Sie nach Wegen, den Schaden zu beheben, den Sie bei einem anderen Menschen angerichtet haben. Etwas „wieder gut machen" zu wollen ist, wie der Begriff schon sagt, keine Schande, sondern das Bemühen um Verbesserung eines Missstands. Wie kostbar diese Möglichkeit ist, wird spätestens dann deutlich, wenn wir mit einem Fehler konfrontiert sind, den wir **nicht** wieder gut machen können. Einen Fehler begangen zu haben, dessen Konsequenz – im schlimmsten Fall der Verlust oder Tod eines geliebten Menschen – irreversibel ist, kann ein ganzes Leben verdüstern, zur Qual werden lassen. Um Entschuldigung, um Vergebung und eine Gelegenheit zur Wiedergutmachung bitten zu können ist insofern eine Chance, eine Gnade.

Ausblick

Die knappen, lehrbuchhaften Sätze der letzten Seiten dürfen nicht darüber hinwegtäuschen, dass das Bemühen um emotionale Kompetenz ein ziemliches komplexes Unterfangen ist. Es gibt klare Regeln. Aber jedes Mal, wenn wir uns nach diesen Regeln verhalten, tun wir es in einer anderen Situation. Weil wir selbst und die Menschen, mit denen wir es zu tun haben, jeweils anders gestimmt sind, weil die Themen, um die es geht, in jedem der Betroffenen unterschiedliche Erfahrungen, Gefühle, Blockaden mobilisieren und weil wir alle, wie wir gesehen haben, Fehler machen. Da hilft nur eins: hellwache Aufmerksamkeit, eine liebevolle, aber zugleich unerschütterliche Ehrlichkeit und ausreichend Gelassenheit, um dann, wenn ein Kontakt allen Bemühens zum Trotz misslingt, einen neuen Anlauf zu machen.

Die Beispiele zeigen auch, dass emotional kompetenter Umgang miteinander zwar zunächst im Privatleben geübt wird, zwangsläufig aber auch in andere Lebensbereiche hineinwirkt. Niemand wird sich zu Hause um emotionale Kompetenz bemühen und öffentlich ungeniert weiterhin nach den Gesetzen der Verbotsökonomie agieren, in den alten Machtspielen verharren, andere Menschen unbefangen belügen oder entwerten können. Das Bemühen um emotionale Kompetenz ist ein Prozess, der uns ganz, unsere gesamte Existenz umfasst und somit zwangsläufig auch zu einem neuen Verständnis unseres Verhaltens und unserer Verantwortung im öffentlichen Leben führt.

Das heißt: das Bemühen um emotionale Kompetenz ist Teil des Bemühens um ein gelingendes, glückliches Leben. Zu einem solchen glückenden Leben gehört der achtsame Umgang mit sich selbst und anderen – im Sinne der emotionalen Kompetenz –, eine verantwortungsvolle Haltung in gesellschaftlichen und politischen Belangen und ein kontinuierliches, sich immer wieder erneuerndes Nachdenken über die Bedingungen eines guten Lebens – das heißt eine reflexive Ebene. Ein glückliches Leben ist denn auch nicht durch mechanisches Befolgen bestimmter Regeln zu erreichen, wie manche glückverheißenden Ratgeberbücher suggerieren. Das Konzept der emotionalen Kompetenz setzt die Bereitschaft zu solcher Reflexion voraus. Denn die Umsetzung der Grundregeln wird umso wirkungsvoller sein, je besser das Bemühen um emotional kompetentes Verhalten eingebettet ist in eine insgesamt bewusst und verantwortungsvoll gestaltete Lebenspraxis.

Über aufmerksam erlebte und verarbeitete Erfahrungen mit anderen Menschen werden wir Neues lernen und zugleich erkennen, dass Veränderung nicht nur Dazulernen, sondern oft auch Umlernen bedeutet. Dysfunktionale, zerstörerische Gefühle und Verhaltensweisen durch konstruktive, lebensfördernde zu ersetzen ist ein wesentliches Anliegen des Konzepts von Steiner. Ein Bemühen, das im individuellen Bereich seinen Ausgang nimmt, dessen Wirkung – potentiell – aber weit darüber hinaus geht.

In diesem Sinne umfasst Claude Steiners Konzept von emotionaler Kompetenz persönliche Entwicklung und soziales Lernen gleichermaßen. Es weist einen Weg hin zu einem gleichberechtigten und wohltuenden Miteinander, emphatisch gesprochen, zu einer menschenfreundlicheren Welt.

Das Märchen von den Kuscheltüchern

Eine poetische Vision von Claude Steiner

Es war einmal eine Familie mit dem Vater Tim, der Mutter Maggy, dem Sohn John und der Tochter Lucy und alle waren sehr glücklich. Warum waren sie so glücklich? Zu der Zeit bekam jedes Kind bei seiner Geburt ein kleines, weiches Kuscheltuch-Beutelchen. In dem Beutelchen war, wann immer man hineingriff, ein schönes, warmes Kuscheltuch.

Alle Leute mochten diese Kuscheltücher sehr gerne. Wenn man ein Kuscheltuch hatte, dann fühlte man sich gleich ganz warm und kuschelig. Leute, die nicht jeden Tag ihr Kuscheltuch bekamen, wurden krank, begannen wie ein alter Apfel einzutrocknen, und schließlich mussten sie sterben.

Aber damals war es ganz einfach, warme Kuscheltücher zu bekommen. Wenn man eines brauchte, dann ging man zu einem anderen Menschen und sagte: „Ich möchte gerne ein warmes Kuscheltuch haben!" Der andere griff dann in sein Beutelchen und zog ein Tüchlein hervor, so groß wie eine Mädchenhand. Kaum erblickte das kleine Tuch das Tageslicht, begann es zu lächeln und verwandelte sich in ein großes, weiches und warmes Kuscheltuch. Der eine legte es dem anderen dann auf die Schulter, auf den Kopf oder in den Schoß, und schon schmiegte es sich an und verschmolz mit dem Körper.

Das war ein ganz wunderbares Gefühl! So erbaten sich die Leute häufig ein Kuscheltuch voneinander, und jeder gab gerne – es gab sie ja in Hülle und Fülle. So lebten sie alle glücklich und ihnen war wohl.

Eines Morgens stand eine böse Hexe mitten im Dorf! Sie war böse geworden, weil niemand ihre Salben, ihre Pillen und

Mixturen kaufen wollte. Die böse Hexe aber war schlau und dachte sich einen niederträchtigen Plan aus. Als Maggy gerade mit ihrer Tochter auf der Wiese beim Haus spielte, schlich sich die Hexe zu Tim und flüsterte ihm ins Ohr:

„Sieh nur, Tim, was Maggy macht! Sieh nur, sie gibt all die schönen Kuscheltücher der kleinen Lucy. Wenn sie so weitermacht, dann wird sie bald keines mehr für dich übrig bleiben, weil sie alle der kleinen Lucy gegeben hat!"

Tim war erstaunt. Er schaute die Hexe an und sprach: „Soll das heißen, dass das Kuscheltuch-Beutelchen eines Tages leer sein könnte? Ist denn nicht immer, wenn man hineinlangt, ein neues, warmes Kuscheltuch darin?"

Da sprach die Hexe: „Oh nein, keineswegs! Wenn sie ausgehen, dann ist keines mehr da. Das letzte wird das letzte sein!", sprach's, schwang sich auf ihren Besen und flog davon. Ihr Kichern und Triumphgeheul ließ noch lange Zeit die Luft erzittern.

Die Worte der Hexe begannen sich in Tims Herz einzufressen, und wann immer Maggy jemand anderem ein warmes Kuscheltuch gab, sah er es mit scheelem Blick. Er begann sich Sorgen zu machen, weil er die warmen Kuscheltücher seiner Frau so gerne mochte und nicht auf sie verzichten wollte. Er fand es nicht recht, dass Maggy alle ihre warmen Kuscheltücher den Kindern und sogar Fremden im Dorf gab. Immer wenn er das sah, begann er zu klagen, und weil Maggy ihn sehr liebte, wurde sie sparsamer mit ihren Kuscheltüchern und hob sie für ihn auf. Als die Kinder das sahen, dachten sie bei sich: „Mit warmen Kuscheltüchern muss man sparsam sein! Man darf sie nicht bei jeder beliebigen Gelegenheit verschenken!" So wurden auch die Kinder sparsamer mit ihren Kuscheltüchern. Von nun an beobachteten sie ihre Eltern misstrauisch; und wenn sie fanden, dass ihre Eltern zu viele Tüchlein an andere Leute gaben, dann klagten und schimpften sie, und wenn sie selbst einmal großzügig waren, dann hatten sie gleich ein schlechtes Gewissen. Obwohl sie immer, wenn sie in das Beutelchen griffen, ein neues, schönes und warmes Kuscheltuch haben konnten, griffen sie immer seltener in das Beutelchen.

Sie wurden immer geiziger und geiziger. Nach kurzer Zeit begannen die Leute zu frieren und sich ungemütlich zu fühlen. Sie begannen zu frösteln und zu verschrumpeln, und einige von ihnen starben sogar, weil sie schon so lange kein warmes Kuscheltuch mehr bekommen hatten. So gingen immer mehr Menschen zum Haus der Hexe und kauften Salben und Pillen und kleine Fläschchen mit Elixier, obgleich sie schnell merkten, dass das Zeug wenig half. Das Leben im Dorf wurde immer elender und beschwerlicher.

Als die Hexe sah, dass immer mehr Menschen starben, erdachte sie einen neuen Plan; denn sie wollte ja nicht, dass die Leute alle sterben – wer hätte sonst noch ihre Salben und Pillen und Elixiere gekauft? Sie gab also allen Leuten noch ein zweites Beutelchen. Die waren den alten Beutelchen ganz ähnlich, nur – sie waren kalt, und wenn man hineingriff, so fand man darin kalte Nesselfetzen. Von diesen kalten Nesselfetzen wurde den Menschen nicht mehr warm und wohlig, sondern kühl; sie bekamen eine unangenehme Gänsehaut davon. Die kalten Nesselfetzen hinderten sie zwar am Schrumpeln und Sterben, aber ihnen wurde kalt und schauderhaft zumute. Sprach nun einer seinen Nachbarn an und bat um ein warmes Kuscheltuch, dann dachte der Nachbar bei sich, dass er keine hergeben mochte und sprach: „Ein warmes Kuscheltuch kann ich dir nicht geben, aber möchtest du nicht einen meiner kalten Nesselfetzen?" So standen sie oft beieinander, dachten in ihrem Innersten an die warmen Kuscheltücher und gaben sich schließlich die kalten Nesselfetzen. So starben nur noch wenige Menschen, aber die meisten waren unglücklich, kalt und frostig geworden.

Seitdem die Hexe im Dorf aufgetaucht war und die warmen Kuscheltücher immer seltener geworden waren, wurde das Leben immer beschwerlicher und komplizierter. Die warmen

Kuscheltücher, die es vormals so reichlich gab wie die Luft zum Atmen, wurden nun teuer gehandelt. Die Leute taten alles Mögliche, um eines zu bekommen. Früher hatten sie einfach beieinander gestanden, zu dritt, zu viert, zu fünft, und keiner hatte darauf geachtet, wer wem ein Kuscheltuch gab. Aber nun begannen sie die Kuscheltücher einzuteilen. Es gab nicht mehr jeder jedem, sondern sie schlossen sich zu Paaren zusammen, die sich nur noch gegenseitig mit den Kuscheltüchern versorgten. Vergaß jemand diese neue Regel und gab ein echtes Kuscheltuch an jemand anderen, dann bekam er schnell ein schlechtes Gewissen, weil er ja wusste, dass „sein" Partner nun Mangel leiden musste. All die Menschen, die keinen anderen für sich finden konnten, mussten ihre warmen Kuscheltücher für teuer Geld kaufen und dafür lange Stunden hart arbeiten.

Einige wenige Menschen im Dorf wurden als etwas „Besonderes" angesehen und berühmt; ihnen gab man viele Kuscheltücher, und sie mussten sie nicht zurückgeben. Diese Leute sammelten die Kuscheltücher und verkauften sie an weniger berühmte Menschen, die diese zum Überleben ja brauchten.

In der allgemeinen Not geschah es, dass einige Leute die kalten Nesseltücher färbten und ihnen das Aussehen von warmen Kuscheltüchern gaben. Die falschen Kuscheltücher kamen in Umlauf und brachten neue Not über die Menschen. So geschah es zum Beispiel, dass sich zwei Menschen begegneten und in liebevoller Absicht mit den – falschen – Kuscheltüchern beschenkten; danach fühlten sie sich dann ganz elend. Die Menschen wussten schließlich gar nicht mehr, woran sie waren: Sie konnten die falschen von den echten Kuscheltüchern nicht unterscheiden und wurden unsicher.

Das einst so schöne Leben im Dorf war eine rechte Last geworden und alles nur, weil die böse Hexe sie glauben gemacht hatte, dass die schönen warmen Kuscheltücher eines Tages ausgehen könnten. Vor nicht all zu langer Zeit erschien in dem Dorf eine junge Frau. Die war im Sternzeichen des Wassermannes geboren und fiel allen auf, weil sie Blumen im Haar trug und oft sehr fröhlich über die Wiesen des Dorfes hüpfte. Sie kümmerte sich nicht um die böse Hexe und war mit ihren warmen Kuscheltüchern ganz freizügig. Sie gab sie jedem – ja, man musste sie noch nicht einmal darum bitten. Die Bewohner des Dorfes verachteten sie, weil sie die Kinder dazu verleitete, mit den Kuscheltüchern verschwenderisch umzugehen. Die Kinder mochten die Blumenfrau sehr gerne. Sie fühlten sich wohl in ihrer Nähe und geizten nicht mehr mit ihren Tüchlein.

Die Erwachsenen des Dorfes taten sich zusammen und machten ein Gesetz, das die Kinder davor bewahren sollte, die warmen Kuscheltücher zu vergeuden. Das Gesetz verbot den unkontrollierten Verkehr mit Kuscheltüchern und bedrohte all die mit Strafe, die ohne eine besondere Erlaubnis Kuscheltücher hervorzogen. Aber viele Kinder hielten sich nicht daran; sie waren weiterhin freizügig und scherten sich nicht um das Gesetz.

Weil es so viele Kinder gab, fast so viele wie Erwachsene, sah es so aus, als ob die Kinder ihre eigenen Gesetze machten. Wie es nun weitergeht? Das ist schwer zu sagen. Werden die Eltern ihre unfolgsamen Kinder unter ihr Gesetz zwingen? Werden sie sich der Blumenfrau anschließen und zusammen mit ihren Kindern wieder so freizügig leben wie in alten Tagen?

Glossar

Anm.: die Begriffe, die zur transaktionsanalytischen Theorie gehören, finden sich unter dem Stichwort „Transaktionsanalyse“.

Affekt

Aktivierung des unwillkürlichen (nicht kontrollierbaren) Nervensystems und Ausschüttung verschiedener Hormone mit spürbaren Zeichen wie Herzklopfen, Erröten, Muskelanspannung, Harndrang, etc.

Emotion

Das Gesamtgeschehen von körperlicher Reaktion und Eigenwahrnehmung.

Wenn wir unsere Emotionen nicht richtig verstehen, ausdrücken und bei Bedarf kontrollieren können, sind wir nicht in der Lage, uns selbst richtig zu verstehen, die Bedeutung von Situationen angemessen zu begreifen und soziale Beziehungen befriedigend zu gestalten.

Emotionale Intelligenz

Der Begriff – durch D. Golemans Veröffentlichung „Emotionale Intelligenz“ populär geworden – meint die Fähigkeit, Emotionen korrekt wahrzunehmen, sie regulieren und in angemessene Handlungen umsetzen zu können sowie die Fähigkeit zur Empathie und die damit einhergehenden sozialen Fähigkeiten der Beziehungsgestaltung.

Emotionale Kompetenz

geht über den Begriff der emotionalen Intelligenz hinaus. Gemeint ist damit eine durch Mitmenschlichkeit und Liebe geprägte Fähigkeit, Gefühle wahrzunehmen, auszutauschen und bei Bedarf auch kontrollieren zu können. Die Einbeziehung unserer intuitiven Wahrnehmung spielt dabei eine große Rolle.

Die Erkenntnis, dass dies nur befriedigend gelingt, wenn ein Klima gegenseitiger Kooperation herrscht, in dem auf jegliche Manipulation verzichtet wird, hat zur Formulierung des kooperativen Vertrages geführt. Das Konzept der emotionalen Kompetenz basiert auf dem menschlichen Grundbedürfnis nach Zuwendung und betont die Notwendigkeit, Verantwortung zu übernehmen für die Auswirkungen des eigenen Handelns.

Gefühl

Eigenwahrnehmung von psychischer und körperlicher Gestimmtheit.

Eine motorische Handlungsbereitschaft mit dem Ziel, unlustvolle Situationen zu verändern bzw. ihnen zu entkommen oder lustvolle festzuhalten.

Eine expressive Komponente in der Aktivierung von Mimik, Gestik und Körperhaltung.

Transaktionsanalyse (TA)

Die Transaktionsanalyse wurde von dem amerikanischen Psychiater Eric Berne in den 50er-Jahren des 20. Jahrhunderts als ein Erklärungsmodell für menschliches Verhalten begründet und seitdem weltweit ständig weiterentwickelt. Ausgehend von einem Persönlichkeitsmodell der Ich-Zustände liefert die TA ein Erklärungsmodell sowohl für innerpsychische Vorgänge wie für interaktive und kommunikative Prozesse.

Gleichzeitig ist die Transaktionsanalyse eine Therapiemethode, die mit Hilfe von Struktur-, Transaktions-, Spiel- und Skriptanalyse lebensgeschichtlich begründete dysfunktionale Reaktionsmuster aufdecken und bearbeiten kann. Dabei werden entsprechend den Wünschen und Zielen des Patienten/Klienten neue funktionale Erlebens- und Verhaltensweisen erarbeitet.

Einschränkende Entscheidungen, die vom Betroffenen in der Kindheit unter dem Druck negativ erlebter Botschaften getroffen worden sind, können in der Therapie aufgedeckt und durch emotional korrigierende Erfahrungen entschärft werden.

Diese so genannten Neuentscheidungen können ins tägliche Leben integriert und dort stabilisiert werden.

Ein wichtiger Begriff in der Transaktionsanalyse ist unser Grundbedürfnis nach Zuwendung oder Anerkennung – im Englischen „strokes".

Strokes

Unter strokes versteht man in der TA transaktionale Einheiten von Anerkennung oder Zuwendung. Sie bilden die motivationale Basis menschliches Handelns.

Forschungen belegen, dass Beachtung, Anerkennung und Zuwendung für kleinere Kinder überlebensnotwendig sind. Erwachsene sind angewiesen auf strokes, um ihre seelisch-körperliche Gesundheit zu bewahren.

Es gibt positive und negative Strokes.

Aufgrund früherer einschränkender und sich destruktiv auswirkender Beziehungserfahrungen haben die meisten Menschen die Vorstellung, dass positive Zuwendung begrenzt bzw. kaum vorhanden ist. Das führt zu Beschränkungen im Geben und Nehmen von positiven Strokes. An deren Stelle treten manipulative Machtspiele (Spiele) und der Austausch von negativen Strokes. Das Schlimmste, was Menschen passieren kann, ist, dass sie von jeder Zuwendung ausgeschlossen werden. Deshalb wird, wenn in Systemen (wie Familien, Gruppen, Belegschaften) positive Zuwendung fehlt, in der Regel negative ausgeteilt.

Claude Steiners Modell der emotionalen Kompetenz zeigt, wie Menschen lernen können, sich direkt positive Zuwendung zu holen und zu geben.

Ich-Zustände

Ich-Zustände sind erlebbare und beobachtbare Persönlichkeitsanteile mit Aspekten des Denkens, Fühlens und Verhaltens.

Obwohl das Konzept der Ich-Zustände natürlich eine Vereinfachung der komplexen Wirklichkeit darstellt, hat es sich als effektives Erklärungsmodell für intrapsychische Vorgänge (innere Dialoge) und interpersonelle Beziehungsgestaltung (Transaktionen) erwiesen. Man unterscheidet drei Ich-Zustände:

Das Eltern-Ich,
enthält gespeicherte und abrufbare Einstellungen, Wahrnehmungs- und Verhaltensweisen, die von Vorbildern, vor allem Eltern, übernommen wurden.

Das Eltern-Ich besteht aus einem fürsorglichen und einem kritischen Teil.

Das kritische Eltern-Ich hat eine besondere Bedeutung, weil sich darin oft die Essenz unserer negativen Beziehungserfahrungen ausdrückt. Es kann uns selbst in Gestalt von Entwertungen angreifen – oder andere durch uns attackieren. Das kritische Eltern-Ich fördert die „Ich-bin-Nicht-OK-Position", das fürsorgliche Eltern-Ich unterstützt die „Ich-bin-OK-Position" des Kind-Ichs.

Das Erwachsenen-Ich
ermittelt objektiv die Realität und verarbeitet Informationen im Sinne eines logischen Programms mit dem Ziel, präzise Entscheidungen zu treffen. Es bezieht sich dabei auf äußere und innere (Eltern-Ich, Kind-Ich) Quellen. Es arbeitet weitgehend unabhängig von den starken Emotionen des Kind-Ichs und (Vor)urteilen des Eltern-Ichs, ist sich aber über deren Einfluss im klaren.

Das Kind-Ich
setzt sich aus Wünschen, Bedürfnissen und Gefühlen verschiedener Entwicklungsstufen unserer Kindheit sowie aus Erfahrungen und vom Kind selbst entwickelten Haltungen und Überzeugungen über uns, die anderen und die Welt (OK-nicht-OK-Positionen) zusammen.

Den intuitiv denkenden Teil im Kind-Ich, der uns auch als Erwachsene(r) zur Verfügung steht, bezeichnet man als „kleine Professorin/kleinen Professor".

Das Kind-Ich hat einen freien und einen an Eltern-Reaktionen angepassten Anteil.

Transaktionen
nach Eric Berne eine Kommunikationseinheit, die aus einer verbalen oder nonverbalen Anrede (einem Stimulus) und aus einer verbalen oder nonverbalen Reaktion besteht.

Transaktionen können von den verschiedenen Ich-Zuständen aus an unterschiedliche Ich-Zustände des Gegenübers gerichtet sein. Antwortet das Gegenüber aus dem angesprochenen Ich-Zustand, spricht man von einer parallelen Transaktion. Kommt die Antwort aus einem anderen Ich-Zustand, spricht man von einer gekreuzten Transaktion.

Jede Transaktion ist auch immer ein Zeichen von Beachtung oder Zuwendung (positiven oder negativen strokes).

Spiele
Als (psychologisches) Spiel wird eine Abfolge von Transaktionen bezeichnet, die sich dadurch auszeichnen, dass sie doppelbödig sind. Es wird auf einer verdeckten Ebene etwas vermittelt, was scheinbar nicht kommuniziert wird. Dann gibt es einen Rollenwechsel.

Spiele sind misslungene Versuche, Zuwendung zu bekommen. Als Endergebnis fühlen sich die Beteiligten meist unwohl.

In der Regel werden alte Beziehungserfahrungen wiederholt bzw. verstärkt und die Thematik des Skriptes verfestigt.

Spiele lassen sich durch die Rollen des Drama-Dreiecks beschreiben. Dabei hat jeder „Spieler" eine so genannte Lieblingsrolle. Die Rollen heißen Retter, Opfer und Verfolger. Spiele sind Aktivitäten unseres inneren Drehbuches (Skripts, s. u.) und verfestigen dieses.

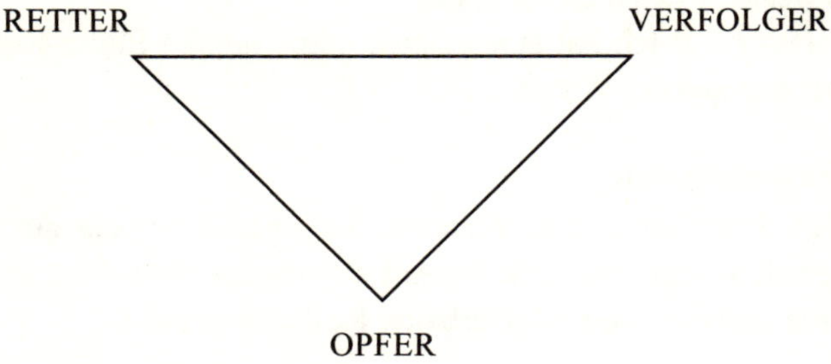

Der Retter ist hilfreicher, als er sein muss. Er wertet seine eigenen Bedürfnisse und die Fähigkeiten anderer ab. Das Opfer wertet seine eigenen Fähigkeiten ab. In der Verfolgerposition kommt es zu Entwertungen beider anderer Positionen.

Ein Spiel kommt z. B. dadurch zustande, dass jemand aus der Opferposition, ohne einen Wunsch nach Hilfe richtig zu benennen, seine Hilfsbedürftigkeit ausdrückt. Ein Retter, der gelernt hat, dass Für-andere-sorgen wenigstens ein bisschen Anerkennung bringt, nimmt den Köder an und hilft.

Es gehört zum Wesen des Spiels, dass jeder der Beteiligten irgendwann die Rolle wechselt. Da z. B. jemand in einer Opferposition sich nicht wirklich helfen lassen will, kippt das Ganze und entweder das Opfer wechselt in die Verfolgerposition: „Keiner kann mir wirklich helfen, auch du nicht."

Oder der Retter hat genug und wechselt ebenfalls: „Du bist undankbar."

Das Skript
oder der Lebensplan, den jeder Mensch als Kind aufgrund seiner Beziehungserfahrungen entwirft. Da noch nicht die kognitiven und emotionalen Strukturen eines Erwachsenen vorhanden sind, wird die Realität nur mit den Möglichkeiten des jeweiligen Entwicklungszustandes wahrgenommen und beurteilt. Besonders beeindruckende Erfahrungen werden als innere Botschaften abgespeichert und beeinflussen im späteren Leben unsere innere Realität.

Literaturverzeichnis

Eric Berne: Was sagen Sie, nachdem Sie „guten Tag“ gesagt haben? Frankfurt a. M. (Engl. Original 1972)

Bettina von Kleist: Mein Mann liebt einen Mann. Wie Frauen das Coming-out ihres Partners bewältigen. Links Verlag. Berlin 2003.

Claude Steiner: Wie man Lebenspläne verändert. München 1992. (Engl. Original 1974)

Ders.: Macht ohne Ausbeutung. Zur Ökologie zwischenmenschlicher Beziehungen. Paderborn 1085. (Engl. Original 1982)

Ders.: Emotionale Kompetenz. München 2001 (3. Aufl./Engl. Original 1997)

Ian Stewart & Vann Joines: Die Transaktionsanalyse. Eine Einführung. Freiburg 1990/2000. (Engl. Original 1989)